こんなに核兵器に恐ろしい

鈴木達治郎・光岡華子 =著

①核兵器はこうしてつくられた

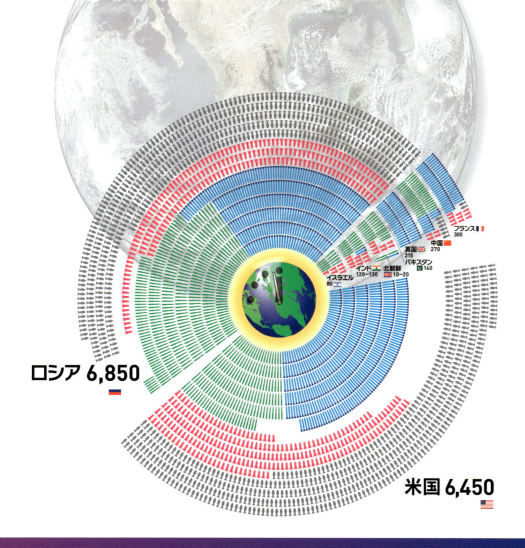

ロシア 6,850

イスラエル 80
インド 120〜130
北朝鮮 10〜20
パキスタン 140
英国 215
中国 270
フランス 300

米国 6,450

はじめに

　私たちの国、日本は世界で唯一の核兵器による被爆国です。

　世界の核兵器をめぐる情勢はきわめて危ういものがあります。

　近年の北朝鮮の核兵器実験は、アメリカと旧ソ連（ソビエト連邦＊）の冷戦以降、しばし語られることの少なかった「核の危機」が、いまだ身近なものであることを私たちに実感させました。

　このような時代に、「核兵器はどのようにして生まれたのか？」「どのような仕組みの兵器なのだろうか？」など、改めて核兵器の歴史と核兵器の恐ろしさを子どもたちに伝えることが急務となっています。

　そして、未来に核兵器のない世界を創るために、私たちは今何をしなければならないのでしょうか？

　この本を手に取ったあなたが、少しでもこの課題を身近に感じ、考えてくれることを願っています。

鈴木達治郎（長崎大学核兵器廃絶研究センター長）

＊ソビエト連邦　＝正式にはソビエト社会主義共和国連邦。1922年に、複数の共和国からなる連邦国家として誕生。国土はユーラシア大陸の北部、ヨーロッパからアジアにまたがる広大な地域を占め、世界政治においてアメリカ合衆国と並ぶほどの影響力を持った。1991年、ゴルバチョフ大統領時代に、連邦は解体。現在はロシア連邦がそのほとんどを受け継いでいる。

I 核兵器はこうしてつくられた

核兵器とは？ 8

人類を破滅にさせてしまうかもしれない恐ろしい兵器の誕生

核分裂の発見 10

もっとも小さな原子から生まれる巨大なエネルギー

大統領への手紙とマンハッタン計画 12

原子爆弾の誕生

ヒロシマ・ナガサキ 14

使われてしまった核兵器——その恐ろしい威力

核実験競争と水爆の開発 16

ヒロシマ型原爆の 3,000 倍の威力を持つ水爆

Ⅱ 増え続ける核兵器──冷戦時代

五大核保有国の誕生　18

「核クラブ」──外交におけるジョーカーのカード

核実験の被害　20

くり返される実験で汚染される地球

第五福竜丸　22

起こってしまったあってはならない悲劇

「核の冬」　24

核戦争後の地球を襲う恐ろしい「冬」

恐怖のバランス──冷戦と核抑止　26

使わないはずなのに核兵器は増えていく

キューバ危機　28

直前で回避された第3次世界大戦

核の暴走　30

「こわれた矢」はどこへ？　もし事故が起きてしまったら……

Ⅲ　反対運動——冷戦の終わり

反核運動　32

「核兵器の脅威」に立ちむかう人びとの声

ラッセル―アインシュタイン宣言　34

科学者たちが警鐘をならす「人類の危機」

核実験禁止にむけて　36

ようやく動きはじめた核実験汚染への対応

原子力平和利用のはじまり　38

核の技術や核物質が世界に拡がるきっかけにも

核不拡散条約の誕生　40

核兵器所有が拡がることを防ぐために

Ⅳ　核軍縮へむけて

冷戦の終結と核軍縮の合意　42

ソビエト連邦の崩壊から核軍縮へ

核軍縮への期待　44

「核なき世界」へむかって、オバマ大統領の演説

核軍縮のむずかしさ　46

核兵器から回収した核物質をどう処理する？

新たな核保有国　48

核兵器を新たに開発した4つの国

◆図版出典　50

核兵器とは？

　人類を破滅させてしまうかもしれない核兵器とは、通常の兵器と何が異なるのでしょうか？
　核兵器には、核分裂反応を利用した「原子爆弾（原爆）」と核融合反応を利用した「水素爆弾（水爆）」の2つがあります。最初に開発されたのが原爆であり、その後さらに爆発力をけた違いに高めたものが「水爆」です（→16ページ）。
　核兵器のもたらす脅威は、大きく3つあります。けた違いのエネルギーがもたらす爆風・衝撃波、高温の熱放射、そして強力な放射線です。爆発力のエネルギー量を表す際に、TNT火薬（高性能爆薬）に換算してキロトン（kt=1,000トン、1トンは1,000kg）を多く用いますが、広島に落とされた原爆はTNT火薬の15キロトン（1.5万トン）ほど、長崎に落とされた原爆は22キロトン（2.2万トン）ほどだと推定されています。水爆になると原爆のさらに100～1000倍以上のメガトン（100万トン）級の核爆発威力を持ちます。原爆の爆発による火の玉の温度は中心部で100万度を超え、その強い熱線により、爆心地での地表温度は数1,000度にも達します。熱線を直接浴びた人は一瞬にして黒焦げとなり、少し離れた場所であっても、皮膚が焼きつくされ、内臓まで障害をうけるなど、重症の火傷で多くの人が死に至ります。
　そして、通常兵器と最も異なり、もっとも長期にわたって影響を与えるのが放射線障害です。爆発時1分以内に発生する強力な「初期放射線」を爆心地から1キロメートル以内で浴びれば

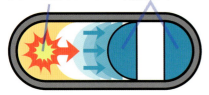

砲身（ガンバレル）型

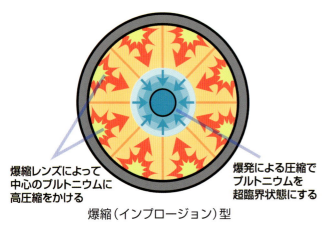

爆縮（インプロージョン）型

（上）ウラン型原爆（下）プルトニウム型原爆

長崎に投下された原爆より発生したキノコ雲。

死亡率はほぼ100％といわれており、さらに、「死の灰」と呼ばれる放射性物質が空に舞い上がり、風にのって地球全体に拡散します。雨や雪が降れば地上に落ち、土や水が汚染され、二次災害が起きます。また直接被ばくしなかった人々も、直後に爆心地に入ると放射線（残留放射線）を浴びることになり、大量に放射線を浴びなかったとしても、体内に放射性物質を吸入してしまえば、長期にわたって被ばくすることになります（→20ページ）。広島・長崎の被爆者の中には、今も多くの方が放射線障害の後遺症に悩まされています。

そして、もし大量の核兵器が使用される「核戦争」が起きれば、地球環境は大量の放射性物質で汚染され、大量の灰や煙などによって日光がさえぎられ、気温も下がり、食糧難や飢餓などが発生する「核の冬」と呼ばれる環境悪化をもたらすと予測されています（→24ページ）。この「核の冬」現象が現実のものとなれば、地球上の生物はたいへん深刻な被害を受けるとみられ、これが核兵器がもたらす「人類破滅」のシナリオとして、語られるようになったのです。

（上）広島に投下されたガンバレル型「リトル・ボーイ」、（下）長崎に投下されたインプロージョン型「ファットマン」のレプリカ。

水爆は、原爆を起爆装置として使用する。（左）広島に投下された「リトル・ボーイ」が東京で爆発した場合。（右）史上最大の水爆「ツァーリボンバ」が東京上空で爆発した場合、爆発被害は関東全般に及ぶことがわかる。

I　核兵器はこうしてつくられた　　9

核分裂の発見

核兵器の原理となる「核分裂反応」とは一体どういうものでしょうか？

1938年、ドイツのオットー・ハーンとフリッツ・シュトラスマン博士が、中性子が重いウランの原子核にぶつかると、軽い原子核からなる元素に分裂することを発見し、その時に発生した中性子により、核分裂反応が連鎖すること（核分裂連鎖反応）で巨大なエネルギーが発生することを明らかにしました。1回の核分裂で2〜3個の中性子が発生し、もしこの中性子がすべて別の原子核にぶつかって、さらに核分裂を起こすとなると、連鎖的にエネルギー発生が起き、そのエネルギー発生量は何倍にもどんどん増え続けていくことになります。これが核分裂連鎖反応により、巨大なエネルギーが発生するしくみです。しかし、通常は飛び散った2〜3個の中性子は、次の原子核にぶつかるかどうかはわ

1913年、リーゼ・マイトナーとオットー・ハーン。

かりません。連鎖反応を維持させるためには、ある程度の量の核物質が必要です。連鎖反応を維持する状態を「臨界状態」と呼び、それに必要な核物質の量を「臨界質量」と呼びます。

また連鎖反応をある一定の規模でゆっくりと起こさせるのが、原子力発電であり、そのためには出てきた中性子のうち1個だけが次の原子核にぶつかるようにすればよいのです。そうす

円盤状に形成されたウラン。

れば爆発的な反応は起きないので、原子力発電では「核爆発」は理論上起きません。

核兵器に使われる核物質材料の一つがウランです。ウラン1グラムが核分裂して発生するエネルギー量は、石油約1トンを燃焼させて得られるエネルギーに匹敵します。核分裂反応は石油などの化石燃料の100万倍のエネルギーを得ることができる、と言われています。ただ、天然に存在するウ

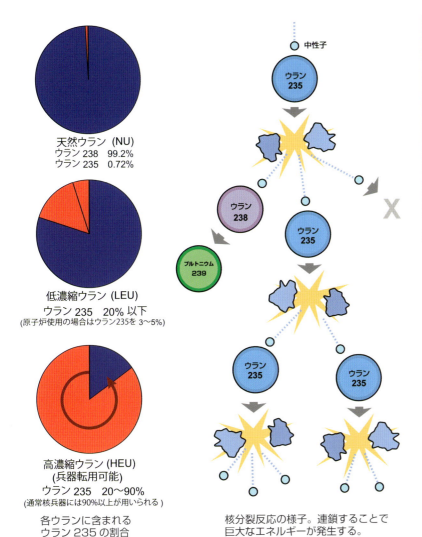

天然ウラン（NU）
ウラン238　99.2%
ウラン235　0.72%

低濃縮ウラン（LEU）
ウラン235　20％以下
(原子炉使用の場合はウラン235を3〜5%)

高濃縮ウラン（HEU）
(兵器転用可能)
ウラン235　20〜90%
(通常核兵器には90%以上が用いられる)

各ウランに含まれる
ウラン235の割合

核分裂反応の様子。連鎖することで
巨大なエネルギーが発生する。

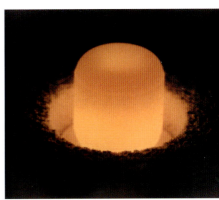

90％以上の、高濃度プルトニウム。
兵器に転用できる濃度。

原子力電池に使われるプルトニウム。
人工衛星などの動力に使われる。

ランの成分は、核分裂が起きにくいウラン238が99.3％を占めており、核分裂しやすいウラン235はわずか0.7％しか含まれていません。したがって、核分裂連鎖反応を起こさせるためには、ウラン235を「濃縮」させて、含まれる割合を多くする必要があります。

原子力発電の燃料には、爆発を起こさせないようウラン235を3〜5％程度におさえた「低濃縮ウラン」を用い、核兵器として使うには、ウラン235を20％以上に高めた「高濃縮ウラン」を用います。通常の核兵器には90％以上の高濃縮ウランが使われているのです。

もう一つの材料がプルトニウムです。グレン・シーボーグ博士が、プルトニウムはウランと同じく核分裂性物質であることを発見しました。プルトニウムは天然には存在しませんが、原子力発電の原子炉のなかで、ウラン238に中性子が当たって生成されます。原子炉から取り出された使用済み核燃料の中には1％程度プルトニウムが含まれており、これを化学的に処理することで取り出すことができます。この技術を「再処理」と呼びます。原子炉と再処理施設があれば、プルトニウムはかんたんに入手可能なのです（→38,46ページ）。

I　核兵器はこうしてつくられた　　11

（上）アインシュタインによるルーズベルト大統領への書簡

シラード（左）とアインシュタイン（右）

大統領への手紙とマンハッタン計画

　1939年8月2日、アメリカに移住していた著名な物理学者アインシュタインは、核分裂反応がもたらす巨大なエネルギーが軍事兵器として使用されることを恐れ、いずれ強力な新型爆弾（原子爆弾）が開発されることは確実であるとして、ルーズベルト大統領に手紙を送りました。この手紙のなかで、ドイツが原子爆弾の開発に取り組んでいる情報（ウラン資源を手に入れていた）を伝え、アメリカも原子爆弾の開発のスピードを速めるべきだと提言したのです。

　この手紙がもとになって、核兵器開発のための「マンハッタン計画」が立ち上がることになりました。マンハッタン計画の責任者には、陸軍工兵隊のグローブス将軍がつき、科学チームのリーダーとして選ばれたのが、ロバート・オッペンハイマー博士でした。マンハッタン計画は、当然のことながら秘密のうちに進められたのですが、短い時間で理論的分析から現実の核兵器製造まで、軍部・科学者・産業界が一体となって開発に取り組んだのです。

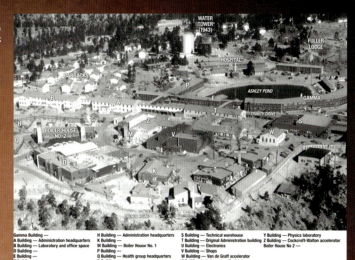

（右）マンハッタン計画の中心とも言えるロスアラモス研究所

（上）中心はトリニティ実験によって生成されたクレーター。下に見えるクレーターはTNT爆薬100トンで作られた。背景は実験での爆発写真、人類史上初の核爆発。

　そして、2年以上の開発期間、当時の21億ドル以上の巨額を投じて、ついに1945年7月16日、ニューメキシコ州のアラモゴード砂漠で「トリニティ」と呼ばれる、人類最初の核実験に成功したのです。この時、開発に携わったオッペンハイマー博士は、その巨大な爆発力を見て衝撃をうけ、次のような言葉を残しています。

　「われは『死神』、世界の破壊者になったのだ」と。こののち、オッペンハイマー博士は、核兵器が人類にとって脅威であること考えるようになり、核兵器の開発に異議を唱えるようになります。同じように、核兵器の開発に疑問を抱いた科学者も多く、1945年3月には、アインシュタイン博士が二通目の手紙を大統領に送付しており、そのなかで同じ物理学者のシラード博士の言葉「原爆が実際に使用されればアメリカと諸国の核軍備競争が始められるだろう」を紹介し、「核兵器の管理」の必要性を訴えました。

　そして、原爆の危険性を良く知る科学者たちは、「政治的・社会的諸問題に関する委員会」を立ち上げました。シラード博士もメンバーであり、委員長はジェームズ・フランク博士。この委員会の報告書（通称「フランク報告」）は1945年6月に作成され、「核兵器の対日使用だけでなく、兵器の早期実験でさえ、わが国の利益に反する」と原爆使用に慎重になるよう訴えました。また科学は核兵器に対して有効な防御策を確立できないとして、世界的な統治機構の必要性を訴えています。残念ながら、訴えもむなしく、1945年の8月に広島と長崎に対して原爆が使用されてしまいました。しかしこの「フランク報告」は、その後の核軍縮・不拡散体制に大きく貢献することになるのです。

Ⅰ　核兵器はこうしてつくられた

ヒロシマ・ナガサキ

　まだ最初の核実験が成功する前の1944年9月18日、アメリカ、ルーズベルト大統領とイギリス、チャーチル首相の間で、日本に対して最初の原爆を投下するという密約がなされていました（ハイド・パーク覚書）。当時、すでにドイツの核兵器開発失敗、そしてドイツの降伏も確実とみられていたので、ドイツへの原爆投下は論じられませんでした。

　先の「フランク報告」にみられるように、科学者の間では、原爆投下に反対する意見がありました。1945年4月にはルーズベルト大統領が急死し、トルーマン副大統領が大統領に就任しますが、それまでトルーマンには原爆開発計画がまったく知らされていませんでした。5月にはドイツが降伏し、6月には「フランク報告書」が提出され、7月12日にはシカゴ大学にて原爆を日本に使用することについてアンケートが実施されています。それによると、科学者150人のうち85％が無警告での原爆投下に反対していました。軍人でも後に大統領となるアイゼンハワー将軍が、日本に原爆使用は不要であることを7月20日にトルーマン大統領に進言しています。トルーマン大統領自身も、「原爆の投下場所は軍事基地を目標とし、一般市民を目標にしないようスティムソン陸軍長官に伝えた」とされています。

　しかし、原爆投下の準備は着々と進められ、攻撃目標の対象候補地選択が進められていたのです。1945年6月には、京都、広島、新潟、小倉が候補地となり、スティムソン陸軍長官の反対もあり、歴史的な建物の多い京都が外され、代わりに長崎が候補地に加えられました。

　そして1945年8月6日午前8時15分、最初の核爆弾（ウラン型原爆、通称「リトルボーイ」）が広島で炸裂しました、続いて、8月9日午前11時2分、小倉を目標に飛んでいた爆撃機が視界不良のため、目標地を長崎に変更し、2発目の核爆弾（プルトニウム型原爆、「ファットマン」）が炸裂しました。広島では12万人あまり、長崎

ハイドパーク覚書

核兵器の使用に反対した「フランク・レポート」

長崎原爆投下15分後の写真、10kmほど離れた川南工業香焼島造船所から撮影(松田弘道・撮影、長崎原爆資料館所蔵)。

長崎原爆の爆心地から0.5kmの浦上天主堂。

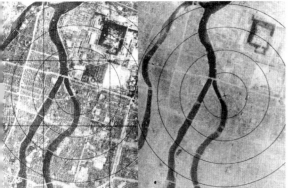

広島原爆投下前後の航空写真。

長崎原爆投下前後の航空写真。

では7万人あまりの人命が一瞬のうちに失われてしまったのです。

　核兵器の歴史の不幸で悲惨な第一歩が記されてしまったのです。幸いなことに、これ以降、戦争で核兵器が使用されたことはまだありませんが、今後も使用されないという保証はありません。

　「二度と過ちをくり返しませんから」は広島市民から、そして「長崎を最後の被爆地に」は、長崎市民から世界へのメッセージであり、この声を今後も世界に訴えていくことが、ヒロシマ・ナガサキの悲劇をくり返さないことにつながっていくのです。

Ⅰ　核兵器はこうしてつくられた　　15

核実験競争と水爆の開発

　原爆の恐ろしさを知ったアメリカは、ほかの国にこの核兵器技術を使わせないよう、核物質や核関連技術を徹底して管理する方針をとりました。

　その後、1948年に旧ソ連のベルリン封鎖、朝鮮半島の分割、1949年には北大西洋条約機構（NATO、アメリカとヨーロッパ諸国による軍事同盟）の設立など、アメリカと旧ソ連の冷戦が急速に進展していきました。これと並行して両国の核開発競争も激化し、1949年には旧ソ連が初の核実験を実施しました。それ以降、急激に核実験数は増加していきます。1951年にはアメリカだけで15回、アメリカ・旧ソ連合計で18回だったのが、1958年には両国だけで111回にまで増加、ピークは1962年でアメリカ・旧ソ連だけで174回、イギリス、フランスも加えると178回もの核実験が行われました（→20ページ）。

　当初は核兵器の威力をより大きくする実験が続き、科学者たちは、原爆のさらに何10倍もの威力を持つ水素爆弾の開発を目指しました。その中心にあったのが、水爆の父とよばれるエドワード・テラー博士です。博士は「ソ連との共存には、アメリカが圧倒的優位に立たない限り不可能と確信しています」と主張し、アメリカが最初に水爆の開発を成功させることが必要だと訴えました。一方、核兵器の管理を軍部から民間に移すために設置された「原子力委員会」では、マンハッタン計画のリーダーであったオッペンハイマーをはじめ多くの委員が水爆開発に反対しました。しかし、旧ソ連が水爆の開発に取り組んでいるとの情報を手に入れたトルー

アメリカの初の水爆核実験「キャッスル作戦・ブラボー」。

 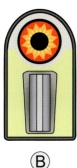   

テラーウラム型水爆
発泡剤プラズマ機構での起爆手順

A 起爆前の核弾頭：一次爆発装置（核分裂爆弾）が上側、二次爆発装置（核融合燃料）が下側、両方ともポリスチレンの発泡剤により固定されている。

B 一次爆発装置で高性能爆薬が爆発し、プルトニウムの核が臨界量まで圧縮され核分裂反応が始まる。

C 一次爆発装置の核分裂はX線を放射し、X線は核弾頭容器の内側へ散乱し、ポリスチレンの発泡剤に放射される。

D ポリスチレンの発泡剤はプラズマに相転移して二次爆発装置を圧縮し、プルトニウム製のスパーク・プラグが核分裂を始める。

E 圧縮と加熱により、重水素化リチウム6の燃料は三重水素を生成し、核融合反応が始まる。中性子の放射はタンパーのウラン238の核分裂反応を起こさせ、火球の生成が始まる。

最大の水爆ツァーリ・ボンバの原寸大模型（サロフ核兵器博物館蔵）。実験ではTNT換算50メガトンに制限された、それでもヒロシマ型原子爆弾の約3,300倍の威力がある。

マン大統領は、1950年に水爆開発を決定しました。これに対し、アインシュタイン博士は水爆の開発に反対して「ひとつのステップが踏まれるたび、その避けられない結果としての次のステップが踏まれてしまう…最終的には世界の全滅を招くことが次第に明らかになっていくのだ」（ニューヨークタイムズ紙、1950年2月13日）とコメントしました。

　水素爆弾は、核分裂反応ではなく、水素のように軽い原子核が融合する「核融合反応」を用います。水素の核融合反応は太陽のエネルギー源と言われており、地上で核融合反応を起こさせるためには、巨大な熱と圧力が必要です。それを一瞬のうちに発生させるために、起爆装置として原爆のエネルギーを使うのです。そして、1951年5月、アメリカは初の水爆実験に成功しました。長崎に投下された原爆の10倍以上、225キロトンの核出力を記録したといわれています。1953年には旧ソ連も初の水爆実験に成功、その後水爆の威力は、けた違いに大きくなっていきます。1954年3月1日、マーシャル諸島のビキニ環礁での水爆実験（キャッスル作戦の「ブラボー」実験）ではなんと15メガトン（15,000キロトン）という大規模な水爆実験が行われました。世界最大の核実験は旧ソ連が開発した「ツァーリ・ボンバ」の実験で、50メガトン（50,000キロトン）、ヒロシマ型原爆の約3,300倍の出力です。威力の拡大は、相手側によりも強力な兵器を持つことが、相手側に攻撃をさせない最も良い方法であるという考え方──「核の抑止」という戦略を作っていくことになります（→26ページ）。同時に、世界は新たな核の脅威（人類滅亡の危機）にさらされることになります。

I　核兵器はこうしてつくられた　　17

五大核保有国の誕生

　核兵器の拡散は、アメリカ・旧ソ連だけにとどまることなく、1960年代にさらに3ヵ国が「核クラブ」(核兵器の保有)の仲間入りをしました。

　イギリスは、当初よりマンハッタン計画のメンバーであったため、多くの科学者が核兵器についての知識を共有していました(→12ページ)。しかし、1946年、アメリカは「マクマホン法」(原子力技術移転の禁止)を成立させ、イギリスへの原子力開発協力を全面的に禁止しました。イギリスは独自に核兵器開発をすすめ、1952年10月3日に初の核実験「ハリケーン作戦」に成功。その後、両国は1958年に「米英相互防衛協定」を結んで、核兵器に関する協力を復活させ、イギリスはアメリカから潜水艦ミサイルの技術を購入、その後は独自の核戦力を所有することになりました。イギリスは1957年～58年にかけて9回の水爆実験を行い、1991年までに、オーストラリアを中心に全45回の核実験を行っています。

　次に核保有国となったのはフランスです。フランスは、核物理の分野では先進国でしたが、戦時中、ドイツに占領をされたため研究はいったんストップしていました。1958年、シャルル・ドゴール大統領が核兵器開発を決定。実は同じ時期にアメリカは旧ソ連に対抗すべく、フランスに核ミサイル基地を設置することと引きかえに、濃縮ウランや原子力技術の提供を提案していました。しかし、核ミサイルの使用命令についてフランスと合意できず、またフランスの核兵器開発計画が明らかになったため、計画がとりやめになったと言われています。その後、フランスは核兵器開発を進め、1960年に初の核

イギリスの初の原爆実験「ハリケーン作戦」

イギリスの初の水爆爆実験「グラップル作戦」

フランスの水爆実験「リコルヌ作戦」914 kt 相当の威力。昼間に行われた実験だが、キノコ雲により日光が遮られている。

北京の兵器博物館に展示されている、中国初の原子爆弾のレプリカ。

実験に成功しました。その後1996年までに、全210回の核実験を行っています。

最後に核クラブ入りしたのが中華人民共和国です。中国は当初、旧ソ連と原子力協力協定を結び、核関連技術の支援を受けていました。しかし、両国の関係は次第に悪化し、1959年以降、旧ソ連からの協力は得られないことになってしまいました。その後も中国は独自に核開発を進め、1964年10月に初の核実験を成功させました。その後、1966年に核ミサイルの開発、1967年には水爆実験に成功しています。1996年の最後の核実験まで合計45回の核実験を行いました。

こうして、1960年代末には5つの国が核兵器を保有することになりました。この5大国が国際連合安全保障理事会の常任理事国（P5と呼ばれる*）であることが、核兵器をめぐるさまざまな国際問題にも深く影響を与えていると考えられるのです。

＊国際連合安全保障理事会＝世界193ヵ国が加盟する国際連合の主要機関。強い発言権を持つ常任理事国5ヵ国と非常任理事国10ヵ国からなる。「平和をおびやかす破壊行為」などに対し、軍隊による武力行使をふくめた強制措置の発動を決定できる。

Ⅱ　増え続ける核兵器——冷戦時代　19

核実験の被害

　1945年7月の世界最初の核実験から、現在までに2,000回を超す核実験が行われてきました。特に、1963年に部分的核実験禁止条約が調印されるまでは、大気圏、海中、地上で核実験を行ってきたため、環境や周辺住民に多大な被害をもたらしてきたことが明らかになっています。
　アメリカ環境団体自然資源保護評議会（Natural Resources Defense Council）の推定によると、過去（1945～1980）の核実験による核兵器の合計威力は510メガトン（510,000キロトン、ヒロシマ型原爆の30,000倍以上）にも上り、大気圏だけでも428メガトン（同じく29,000倍）にもなります。また核実験場所は、世界中で60カ所以上にも及び、ほとんどの場所が少数派住民の住む人口過疎地域で、住民は核実験の危険性を十分に伝えられることなく、核爆発によってもたらされる放射線にさらされていたといわれています。大気圏での核実験がピークであった1960年代には、大気中のストロンチウム90（放射性降下物、いわゆる「死の灰」に多く含まれる）の濃度が急上昇し、これが母乳や乳幼児へ影響をもたらすことが危惧され、これが反対運動の大きな理由となって、大気圏の核実験が禁止される「部分的核実験禁止条約」の成立につながりました（→36ページ）。核実験から放出された放射性物質が、周辺住民の健康に深刻な影響を与えたことは、科学的にも実証され始めています。
　どの程度の死亡者が核実験により発生するかの推定は難しいですが、1991年に行われされた核戦争防止国際医師会議（IPPNW）の研究によると、2000年までの核実験によって発症したがんの死亡者数は43万人にもなると推定されており、さらに将来にわたり約240万人もの犠牲者が出るだろうと推測されています。

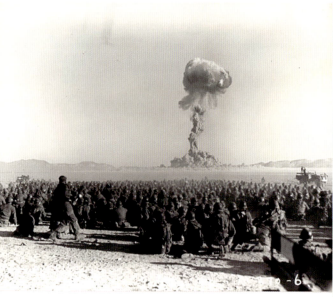

1951年、アメリカ・ネバダ核実験場で行われたバスター・ジャングル作戦、6,500人の兵士が演習に動員され被曝した。

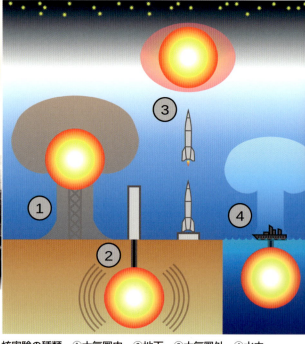

核実験の種類。①大気圏内　②地下　③大気圏外　④水中
「部分的核実験禁止条約」で②以外は禁止された。

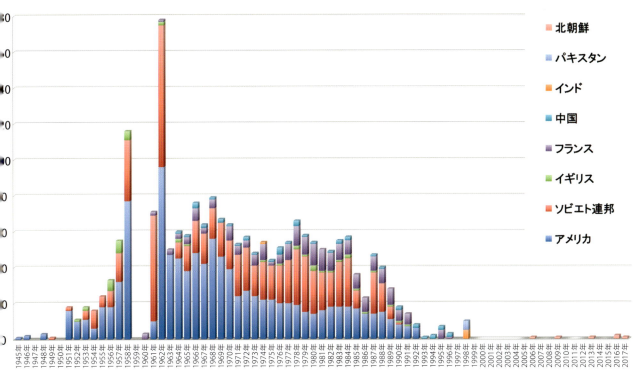

核保有国における核実験の回数

　核実験に従事していた軍人たち「アトミック・ソルジャー」は、その危険性について十分な知識や情報を与えられないまま、核実験により放射線に被ばくしました。アメリカ被ばく軍人協会の会長ジョン・スミザマン氏は、ビキニ環礁における核実験で被ばくし、その後両足を切断。活動を通して全世界に放射線の恐ろしさを訴えました。アメリカ政府によりこの問題が初めて取り上げられたのは、1994年クリントン大統領が政府としての調査を初めて命じた時です。1990年に放射線

1953年、アメリカ・ネバダ核実験場で行われた、アップショット・ノットホール作戦、初めて核弾頭が使用された。21,000人の兵士が演習に動員され被曝した。

被ばく賠償法（RECA）が成立しており、核実験による健康被害に対する賠償制が確立しましたが、その範囲をめぐっては議論が続いています。

　アトミック・ソルジャーは、他の核保有国にも当然存在します。旧ソ連では、1954年9月14日に南ウラル・チカロフスク州のトツコエで45,000名もの兵を動員した核爆発直後の実戦演習が行われました。フランスでは、トゥアモトゥ諸島のムルロア環礁での核実験による兵士たちが犠牲になりました。「ムルロア・エ・タトゥ」という組織が設立されており、フランス政府に賠償を要求しています。オーストラリアは、1952～63年の間、イギリス核実験の被害にあっており、被ばく軍人を代表する組織として、オーストラリア核退役軍人協会、オーストラリア元軍人原爆生存者協会の2つがあります。このほか、カザフスタン、中国など、核実験の被害者は数多く存在しており、その被害の全貌はまだまだ正確にはつかめていません。

Ⅱ　増え続ける核兵器──冷戦時代　21

第五福竜丸

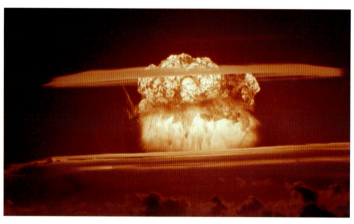

「キャッスル作戦・ブラボー」の爆発。

1954年3月1日、アメリカの水爆実験「キャッスル作戦・ブラボー」は、予想をはるかに上回る巨大な核爆発を起こしました（→16ページ）。推定出力は15メガトン、予想の3倍もの出力だったのです。日本のマグロ漁船、第五福竜丸は、アメリカ軍が定めた進入禁止区域の外側、爆心地から約160キロメートルも離れたところにいましたが、その予想外の威力の結果「死の灰」を浴びてしまい、乗員23名はすべて被ばくしました。この水爆実験で死の灰を浴びた漁船は数100隻に上り、被ばく者は2万人を超えると推定されています。

2週間後の3月14日、静岡県の焼津港に戻って検査された結果、かなりの汚染が見つかりました。乗員は船体や体を充分に洗浄もしないままだったため、放射線による障害が全員に見られるようになり、乗員の一人、久保山愛吉無線長（当時40歳）は、「原水爆による犠牲者は、私で最後にしてほしい」と遺言を残して、9月23日に亡くなりました。ほかの船員も14ヵ月の入院を強いられましたが、何とか回復しました。また、焼津や東京では、「汚染マグロ」が大量に破棄され、汚染マグロを埋めた築地には、「汚染マグロ」のプレートが設置されています。焼津港で「汚染マグロ」の放射線調査を行ったのが、大阪市立大学医学部の西脇 安 教授でした、この研究成果が、後に水爆の脅威を世界に示すことになります。また、第五福竜丸の乗員の健康状態調査は、その後も継続され、2004年までに12名が亡くなり、また生存者の多くには肝臓に機能障害があったと報告されています。

この事件をきっかけに、日本では反核運動が盛んになったため（→32ページ）、アメリカは日本政府との交渉を急ぎ、損害補償で決着をつけよ

放射能に汚染されたマグロについて記した築地市場にあるプレート。

都立第五福竜丸展示館に展示されている、第五福竜丸。

うとしました。交渉の結果、「日本政府はアメリカ政府の責任を追及しない」条件で1955年に200万ドル（当時約7億2,000万円）の「お見舞金」（賠償は責任を認めることになるためです）で決着することになりました。

　なお、第五福竜丸以外にも、被ばくした漁船、船員がいるはずですが、厚生省・水産庁とも記録の存在を否定してきました。ですが、2014年に厚生労働省、2015年に水産庁に記録があることが判明、被災漁船総数は1,423隻と記録されていました。

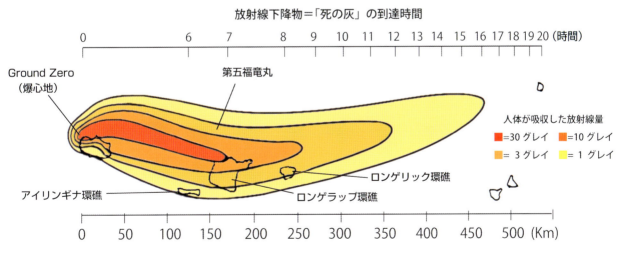

「キャッスル作戦・ブラボー」の『死の灰』が降り注いだ範囲。第五福竜丸は約160km離れた、危険区域の外とされるロンゲラップ環礁の近くで被ばくした。

Ⅱ　増え続ける核兵器——冷戦時代

「核の冬」

　1983年、冷戦の真っ最中にアメリカの宇宙物理学者カール・セーガン博士が中心となって、学術誌『サイエンス』に発表した論文で提唱された概念で、全面核戦争の地球規模の影響を表現した言葉です。

　全面核戦争が起きたら、いったい地球はどうなるのか？　セーガン博士たちは、まず世界各地で大規模な火災が発生し、その火災により大量の噴煙、粉塵が大気中に放出され、これが太陽光線を遮ることで、数ヵ月にわたって地球が雲におおわれ、植物が死滅し、気候の変化、気温の低下により、地球規模で「冬」の現象が訪れるとしています。この現象を「核の冬」と呼んだのです。

　論文によると、当時のアメリカ・旧ソ連が保有する核兵器の半分（約3万発以上）が夏に北半球で使用された場合、はじめは気温が15〜33℃も低下し、次第に回復するものの、気温低下現象は2〜3年続くと推定されました。その結果、食糧生産は不可能となり、世界的に25億人が餓死すると予測したのです。この「核の冬」理論は、両国の全面核戦争が世界の滅亡につながる理論として、核の脅威を語るうえで重要な学説となりました。

　2007年にはインドとパキスタンの限定核戦争について、アメリカ人科学者の研究が発表されました（→48ページ）。その研究によれば、ヒロシマ型核弾頭100発がインド半島で爆発した場合、燃焼した500万トンの炭素が大気に放出され、一部は雨に交じって降り注ぎます。1年後、地球表面の温度は華氏2度（摂氏で1.2度）程度低下し、さらに5年後には華氏3度低下、20年後にはやや回復するものの核戦争前には戻らず、地球の寒冷化により、降雨量が変化し、戦争の5年後には、地球上の降雨量は9％減少、26年後には4.5％減少すると推定しました。

　さらに「核戦争防止国際医師会議」（IPPNW）が2013年に発表した研究成果では、核戦争の2〜6年後には、穀物の成長に適する気候時期が年10〜40日短くなり、大気の化学反応により、紫外線を遮っているオゾン層が破壊され植物の成長を弱め、トウモロコシのような作物のDNAを不安定にすると推定しまし

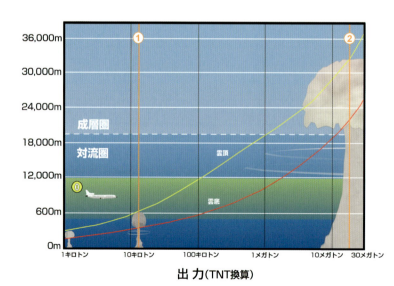

爆発によるキノコ雲の高さの比較（⓪一般航空機の高度　①ファットマン級原爆　②キャッスル・ブラボー級水爆）

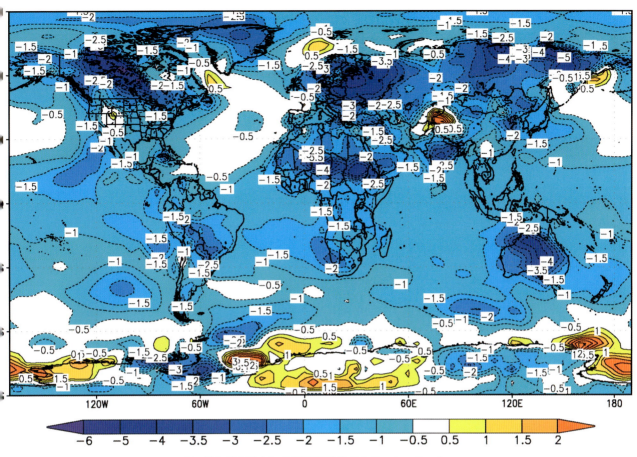

インドとパキスタンの限定核戦争のシミュレーション。
500万トンの炭素が大気に放出された1年後の温度低下。

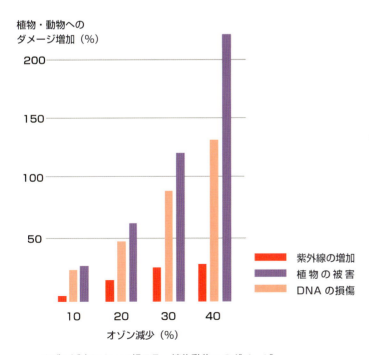

オゾン減少によって起こる、植物動物へのダメージ
M. A. Harwell & T. C. Hutchinson 1985.
Environmental consequences of nuclear war. Vol.II を元に作成

た。結果的に20億人が食糧飢餓に陥ると推定しています。

「核の冬」は科学的根拠に基づく「核戦争」の結末なのです。核戦争はどんな規模であっても、地球規模の環境破壊をもたらすもので、勝者はいない、という結論になります。

恐怖のバランス──冷戦と核抑止

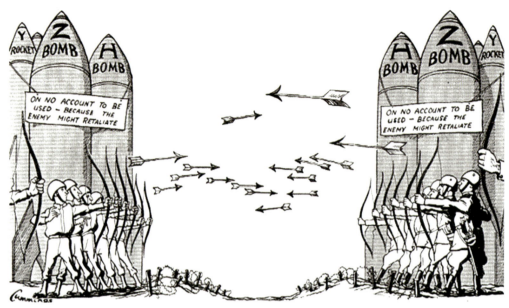

相互確証破壊［MAD］の諷刺画。（Michael Cummings, *Daily Express Edition*, August 24, 1953）

　核兵器の登場により、あらたな軍事戦略が必要となりました。一度なりとも核兵器を使用すれば、それが人類の滅亡につながる「破滅的核戦争」につながる可能性があるからです。したがって、新たな軍事戦略の核心は、「相手に攻撃をさせないこと」、すなわち「抑止」に重点がおかれることになります。

　1954年、アイゼンハワー大統領は「大量報復戦略」（Massive Retaliation）という軍事戦略をうちたてました。これは、アメリカが核兵器の攻撃を受けた場合、敵国（旧ソ連）の大都市に対して、時間差なく大規模な報復ができることを明らかにして、敵国の攻撃を抑止しようとする戦略です。当時は、アメリカの方が旧ソ連より圧倒的な核戦力がある前提で、この戦略がとられました。

　しかし、旧ソ連もこれに対抗すべく、核戦力を急速に増強していきます。そして、1957年「スプートニク・ショック」（世界初の人工衛星飛行に成功）により、アメリカは衝撃を受け危機感を持ちました。宇宙空間まで衛星を運ぶ技術があれば、核ミサイル（大陸間弾道ミサイル）を配備できるようになります。敵国の方が強い核戦力を持っていれば、報復が可能であるという前提の戦略は成り立ちま

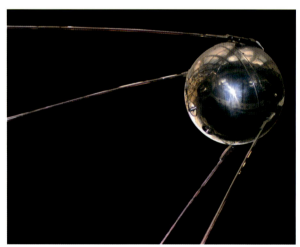

アメリカ国立航空宇宙博物館に展示されているスプートニク1号のレプリカ。

世界初のICBM弾（大陸間弾道ミサイル）、旧ソ連のR-7。　　アメリカの初のICBM弾、アトラス。

せん。1961年にはドイツにベルリンの壁が築かれ、ヨーロッパに対する旧ソ連の影響力は強まっていきました。そんな中で「大量報復戦略」は、非現実的であるとされるようになりました。

そこで出てきたのが「柔軟反応戦略」（Flexible Response）です。小規模・中規模・大規模といった段階ごとに報復できる体制を整えることで、全面戦争を避けつつ、敵国の攻撃を抑止できると考えたのです。これを実現するためには、小規模の場合に戦争が拡大しないよう、小型の核兵器（局地的核戦力と言います）を、正確に目標に命中させる技術が必要となります。しかし、この戦略では、相手に核兵器による報復の能力が残ることになり、核兵器使用そのものの「抑止」にはつながりません。

1960年代には、相手の核ミサイルを核兵器で迎撃する「ミサイル防衛システム」（Anti Ballistic Missile: ABM）の開発が計画されました。これが実現してしまうと、お互いに相手への報復攻撃が成立しなくなってしまい、「抑止」が崩れることにつながります。そこでアメリカと旧ソ連は「ABM制限条約」を1972年に結び、お互いの防衛ミサイルの使用を制限したのです。

結局、より確実に相手国を破壊できる報復能力の開発が優先されることになりました。この戦略を「相互確証破壊（Mutual Assured Destruction: MAD）」戦略といいます。1970年代からは、このMAD戦略がアメリカ・旧ソ連の核戦略の中枢を占めることになります。この考え方では、相手を確実に破壊する能力を確保するために、核能力を拡大する方向にしか政策は進みません。この「恐怖のバランス」により、冷戦のピーク時であった1980年代半ばには、アメリカと旧ソ連の持つ核弾頭は7万発を超えるまでになってしまったのです。

Ⅱ　増え続ける核兵器──冷戦時代　27

キューバ危機

　1962年10月に起きた「キューバ危機」は、アメリカ・旧ソ連が核戦争の一歩手前まで行ってしまった、世界が最も緊張した13日間でした。

　1962年10月14日、アメリカ空軍の偵察機が、キューバ上空で撮影した写真により、旧ソ連がキューバに核ミサイル基地を建設していることが判明しました。キューバは1959年1月に、アメリカ寄りの軍事政権が倒され、新たに就任したカストロ首相のもと社会主義国家となり、アメリカとの関係は悪化していました。

　キューバは旧ソ連との友好関係を構築し、アメリカはキューバと旧ソ連の接近に危機感を感じていた時期でもありました。1961年4月、アメリカの亡命キューバ人部隊による、カストロ政権転覆計画が失敗に終わり（「ピッグス湾」事件）、ケネディ大統領は、キューバに対して経済封鎖を発表していました。

　ミサイル基地の建設を発見したケネディ大統領は、「キューバにソ連が核ミサイルを配備したら容赦しない」と警告し、これに対し旧ソ連からは「キューバに対するいかなる軍事行動も核戦争を引き起こすであろう」と逆警告をしていました。

チェ・ゲバラ（左）と、フィデル・カストロ（右）。1959年にキューバ共和国を設立。

　ケネディ大統領は10月22日、ラジオ・テレビを通じてアメリカ国民にキューバにおける事態の説明を行い、7項目を実施することを発表。「キューバ向け船舶の「海上隔離措置」（実質上の海上封鎖）」、「キューバへの空中監視」「他国へのキューバからのミサイル発射はアメリカへの攻撃とみなすこと」「ソ連、フルシチョフ書記長に「世界を壊滅の地獄から引き戻すための歴史的努力」に参加すること」などが読み上げられました。

　アメリカによる「隔離措置」（事実上の海上封鎖）が実施され、世界がもっとも核戦争に近づいたのが10月27日です（「暗黒の土曜日」）。キューバにおける基地建設は継続し、海上封鎖線に旧ソ連の船舶が近づきました。そして、キューバ上空を偵察飛行していたアメリカの偵察機が旧ソ連軍のミサイルで撃墜される事件が起きたのです。アメリカ軍参謀本部はただちに報復攻撃を加えるべきだと主張しましたが、ケネディ大統領が反対。攻撃は1日猶予を持つことにしました。また、旧ソ連海軍の潜水艦4隻がキューバに向かっており、アメリカ海軍がこれを発見。キューバ海域を離れるように警告しましたが、警告に従わなかったため、警告の爆雷を投下しました。これに対し、旧ソ連潜水艦はこれを「攻撃」とみなし、すぐに「核魚雷」が発射されそうになりましたが、潜水艦隊の政治将校の強い反対により発射は止められ、無事

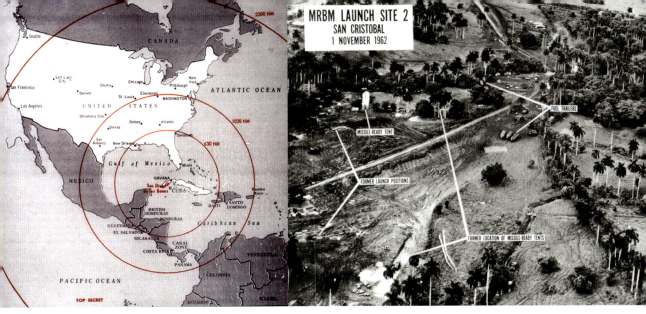

キューバからのミサイル射程範囲。　　　　　　　　U-2偵察機が撮影したキューバにおける旧ソ連のミサイル設備。

核戦争は回避されたのです。

　その後、ケネディとフルシチョフとの書簡のやり取り、旧ソ連の在米ドブルイニン大使とロバート・ケネディ法務長官との秘密の対話を経て、10月28日、旧ソ連はフルシチョフ首相がミサイル撤去の決定を発表しました。実はその背景には、アメリカがトルコにある核兵器を撤去する密約があったのです。この10月14日から28日までの13日間は、当時の司法長官ロバート・ケネディの回顧録や、映画『13デイズ』で細かく描かれており、キューバ危機と核戦争のリスクを理解するうえで非常に参考になります。キューバ危機が避けられたのは「核抑止」ではなく、当事者の懸命な外交努力であったことが明らかとなっています。

アメリカ合衆国家安全保障会議による1962年10月27日、午後9時の執務記録。「4」にトルコのミサイル撤去の困難さについて触れられている。

会談する在米ドブルイニン大使とケネディ大統領。左3人中央がドブルイニン大使。

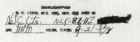

核の暴走

B53核弾頭、W53核弾頭と同等の9メガトンの水素爆弾。

核兵器が偶発的な事故などにより、爆発してしまう可能性がゼロではないことに気を付けなければなりません。

『核は暴走する』（エリック・シュローサー著、布施由紀子訳、河出書房新社、2018年）は、そのような核兵器に関わる偶発的な事故や、そういった事故を防止すべき「指示・統制システム（command and control）」の脆弱性を、膨大な資料とインタビューで明らかにした、ノンフィクション大作です。

その中心となっているのが、1980年9月にアメリカ、アーカンソー州ダマスカスで発生した、大陸間弾道ミサイル「タイタンⅡ」発射施設の事故です。保守点検中に作業員が落とした工具がミサイルに穴をあけ、燃料が漏れ、9時間後に爆発。その衝撃で、9メガトンの核弾頭（W53）が吹き飛ばされ、30メートルも離れたところに落下、幸い安全装置が働いて核爆発は起きませんでした。このほかにも、以下のような「核兵器に関わる事故」が記述されています。

1966年1月、スペイン南部の米軍機同士の衝突墜落で回収されたB28R水爆。国立原子力博物館に展示されている同水爆（右）。

1961年1月、ノースカロライナ州の事故で落下したマーク39水爆(左)、B52爆撃機(右)。

・1958年1月、モロッコのアメリカ空軍戦略基地でB47爆撃機が滑走路の走行訓練中に後輪がパンク。火災が発生し搭載していたマーク36水爆の高性能爆薬が燃えたが、爆発は起きなかった。

・1961年1月、アメリカ、ノースカロライナ州の空軍基地から出発したB52爆撃機が制御不能となり、4メガトンの威力を持つマーク39水爆2発が落下。1発はパラシュートが開いたが地面にぶつかり、4つの安全装置のうち3つが解除されたが、奇跡的に爆発は起きなかった。

・1966年1月、スペイン南部の上空でアメリカ軍機同士が衝突し、海中に墜落。搭載されていたB28R水爆4発のうち、回収できたのは1発のみ。2発は地上で飛散して放射能汚染を引き起こし、1発は不明。

・1968年1月、グリーンランドのチューレ空軍基地で、水爆4発を乗せたB52爆撃機内で火災が発生し、爆撃機は墜落。搭載されていた水爆の爆縮用通常火薬が爆発し、核爆発には至らなかったが、弾頭が破裂・飛散して、大規模な放射能汚染を起こした。

このような核兵器に関わる紛失・爆破事故を、アメリカ空軍は「ブロークン・アロー（折れた矢）」と呼び、政府の公式調査でも13件あると報じられています。さらに、1979年11月、北アメリカ航空防衛司令部（NORAD）本部において、旧ソ連から全面核攻撃を受けているとの警報が受信された事件も紹介しています。のちにこれは誤報だったことが明らかになりましたが、危うく全面核戦争につながりかねない事件だったのです。

このように、核兵器は存在する限り、その安全制御システムがいかに優れていようと、「暴走」する可能性があるのです。システムを扱うのは人間です。人間にミスはつきものであり、システムも完全ではないのですから。

II　増え続ける核兵器——冷戦時代　31

反核運動

1955年8月に広島で開催された第1回原水爆禁止世界大会。

「第五福竜丸事件」は、日本全体に「核兵器の脅威」を改めて知らしめる結果となりました（→22ページ）。この事件をきっかけに、東京都杉並区の主婦が組織する「杉並婦人団体協議会」が原水爆禁止の署名運動を呼びかけて「原水爆禁止署名運動全国協議会」が発足しました。国際法学者の安井郁教授や湯川秀樹教授も世話人となった署名運動はあっという間に全国に広がり、1954年5月から開始して、わずか1ヵ月で25万人以上の署名を集め、1955年8月までに、全国で3,216万709人もの署名を集めました。

　この署名運動が中心となって、第1回原水爆禁止世界大会が1955年8月に広島で開催されました。この大会を契機に結成されたのが、「原水爆禁止日本協議会」（原水協）です。この署名運動は、日本や世界の核実験禁止運動に大きな影響を与えました。日本国内では、第1回原水爆禁止大会に鳩山一郎首相が送った祝辞のなかで、みずから「原水爆禁止に協力する」と言明、1956年2月には衆議院、参議院にて、「原水爆実験禁止要望決議案」が可決されるまでになったのです。この運動は、世界にも広がり、全世界で6億7千万人もの署名を集めました。これが、その後の「部分的核実験禁止条約」の採択にもつながっていったといわれています。

　しかし、その後日本では、旧ソ連の核実験をめぐって意見が対立し、「すべての国の核実験に反対」する立場をとったグループが脱退して、1965年新たに「原水爆禁止日本国民会議」（原水禁）を発足させました。この分裂を機に「日本原水爆被害者団体協議会」（日本被団協）も分裂してしまいました。その後、原水協と原水禁は、同じ核兵器廃絶の目標を持っていたにもかかわらず、統一した活動をとれないままだったのです。

　その対立構造に変化をもたらしたのが、2016年4月に始まった「ヒバクシャ国際署名運動」です。日本被団協などが中心となって設立された「ヒバクシャ国際署名連絡会」が橋渡しとなって、原水禁、原水協が国際署名運動に協力するようになりました。2017年に「核兵器禁止条約」（第2巻で解説します）が採択され、その原動力となったのが、ヒバクシャと核兵器廃絶国際キャンペーン（ICAN）の協力であったことも、大きな励みとなっています。2017年9末時点での署名累計数は515万4,866名、賛同自治体首長は1,096市町村長にまで増えています。

　署名運動では、長崎の高校生が始めた、「高校生平和大使・高校生1万人署名運動」も有名です。1988年、インド・パキスタンの核実験を契機に、全国から選抜された高校生が「平和大使」

1979年10月14日、スリーマイル島原発事故をうけて、西ドイツ（当時）首都ボンで行われた核兵器反対抗議。

として、国際連合などに派遣される事業で、2001年に選ばれた平和大使が、「長崎には1万人ほど高校生がいるだろう」との考えの下、「核兵器廃絶と平和を目指す署名運動」を立ち上げました。署名数は累計で100万を超え、スイス、ジュネーヴの国際連合連欧州本部にすべて保存されています。2014年には国連軍縮会議で民間人として初めて演説を行いました、2017年には一部の核保有国の反対により本会議での演説はなくなってしまいましたが、これまでの活動に対して、ノーベル平和賞の候補にもあげられるなど、世界的にも有名な運動となったのです。

2009年8月、国際連合連欧州本部に、オルジョニキゼ・ジュネーブ軍縮会議事務局長（左）を訪ね、8万人分の核廃絶の署名を提出する「長崎高校生平和大使」の一行（共同）。

Ⅲ　反対運動——冷戦の終わり　33

ラッセル―アインシュタイン宣言

1955年7月9日宣言を読みあげるバードランド・ラッセル（右）。

「第五福竜丸事件」（→22ページ）が契機となったもう一つの重要な出来事が、1955年7月9日に発表された「ラッセル―アインシュタイン宣言」です。イギリスの哲学者バートランド・ラッセルとアメリカの物理学者アルベルト・アインシュタインが中心になって、ノーベル賞を受賞した著名な科学者（湯川秀樹、ライナス・ポーリング、フレデリック・ジョリオ・キュリー、マックス・ボルンなど）11名が署名して、水爆がもたらす人類滅亡の危機を科学者として、そして人間として訴えた名文です。

　この宣言の原動力になった最も若手の科学者が、ポーランドからイギリスに亡命したジョセフ・ロートブラット博士でした。ロートブラット博士は、マンハッタン計画（→12ページ）にも参加していましたが、ドイツの原爆開発計画が失敗に終わったことを知って、マンハッタン計画から辞退した唯一の科学者としても知られています。

　博士は、第五福竜丸事件を知り、その被害の大きさに驚き、みずから調査を始めました。そして、1954年末、ベルギーで開かれた放射線学の会議に参加し、第五福竜丸の放射線汚染研究をしていた日本の西脇安教授と知り合い、そのデータを入手し分析しました（→22ページ）。その結果、当時水爆は「きれいな原爆」と呼ばれていたのですが、データの分析から、水爆は「原爆―水爆―原爆」と2回も核分裂を行う、もっとも「汚い」爆弾（ヒロシマ型原爆の1,000倍以上の威力）であることを突き止めるのです。その論文の発表は、一時政府機関から止められるのですが、アメリカの雑誌『原子力科学者会報』（*Bulletin of the Atomic Scientists*）に発表されました。それを読んだラッセル博士が、BBCの番組で「人類の危機（Man's Peril）」と題して、水爆が人類滅亡をもたらす可能性について警告を行ったのです。この番組がもとで、さらに注目を浴びた水爆の危険性について、ラッセル博士は著名な科学者による声明を出すことを思いつき、アインシュタイン博士に声をかけたのです。これがラッセル―アインシュタイン宣言の誕生秘話です。なお、アインシュタイン博士は、この宣言が発表される3ヵ月前ほど

（左）
1961年、デモに参加するバートランド・ラッセル（中央）。

に亡くなっており、アインシュタイン博士の遺言ともいわれています。この宣言で、最も重要な部分を以下に引用します。

「私たちは人類に絶滅をもたらすか、それとも人類が戦争を放棄するか？　人々はこの二者択一という問題を面と向かってとり上げようとしないであろう。というのは、戦争を廃絶することはあまりにもむずかしいからである。…私たちは、人類として、人類に向かって訴える――あなたがたの人間性を心に止め、そしてその他のことを忘れよ、と。もしそれができるならば、道は新しい楽園へむかってひらけている。もしできないならば、あなたがたのまえには全面的な死の危険が横たわっている。」

この宣言を受けて、カナダ人の実業家サイラス・イートンが、カナダ・ノバスコシア州にある小さな漁村パグウォッシュ村の別荘に、アメリカ・旧ソ連の科学者を中心に世界10ヵ国から22人の科学者を招待して、核兵器の危険性についての会議を開きました。日本からは湯川秀樹、朝永振一郎、小川岩男の3名が出席。これが、その後も続く核兵器と戦争の根絶を目指す科学者団体「パグウォッシュ会議」の原点となったのです。

サイラス・イートン。

第1回会議の行われたサイラスの別荘。

Ⅲ　反対運動──冷戦の終わり　35

核実験禁止にむけて

1963年6月10日、アメリカン大学にて演説するケネディ大統領。

　大気圏内核実験のもたらす汚染のひどさは、それまで人類が経験したことのないものでしたが、にも関わらず核開発競争は続けられました。しかし1962年のキューバ危機におけるアメリカ・旧ソ連の睨み合いに、全世界は「核の脅威」を改めて認識したのです（→28ページ）。

　1963年6月10日、ケネディ大統領は、この経験を踏まえて、アメリカン大学の卒業式で「平和のための戦略」という演説を行いました。そして核実験を禁止する条約について、旧ソ連・イギリスと話し合うことを明らかにし、そして、同年8月5日、アメリカ・イギリス・旧ソ連の3ヵ国は、初めて核実験を禁止する条約に調印したのです。

　しかし、この時の禁止条約は「部分的核実験禁止条約」（PTBT）と呼ばれるもので、大気圏、宇宙空間や水中での核実験を禁止したものでした（→20ページ）。地下での核実験は除外されていたので、その後も核保有国は地下核実験を継続したのです。また、フランスや中国は、実験を重ねるために、この条約に反対して参加しませんでした。とても十分な禁止条約とは言えなかったのです。

　冷戦が終わった1994年ジュネーヴ国際連合軍縮会議にて、各国は地下核実験も禁止する「包括的核実験禁止条約」（CTBT）調印のための交渉に入りました。交渉はインドなどの反対もあって長引き、軍縮会議での採択には至りませんでしたが、オーストラリアが中心となって、国連総会に条約案を提出し、1996年9月、圧倒的多数の支持によって、CTBTは採択されました。条約の発効には、核兵器開発の技術を保有するとみられる44ヵ国すべての批准（国会による同意のこと）が必要であるとされていますが（第14条）、現在のところ、アメリカ、中国、エジプト、イラン、イスラエルが署名はしていますが未批准、北朝鮮、インド、パキスタンは未署名のままであり、この条約はまだ未発効なのです。一方、その検証制度を構築することを

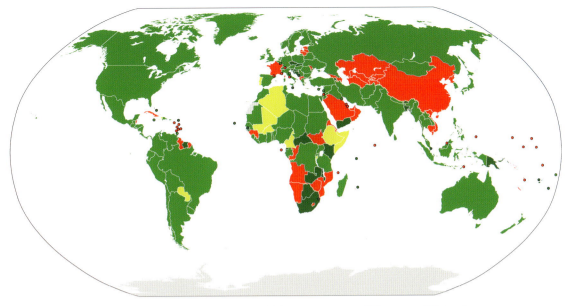

PTBT条約の加盟国　■署名および批准　■加盟または継承　■署名のみ　■未署名

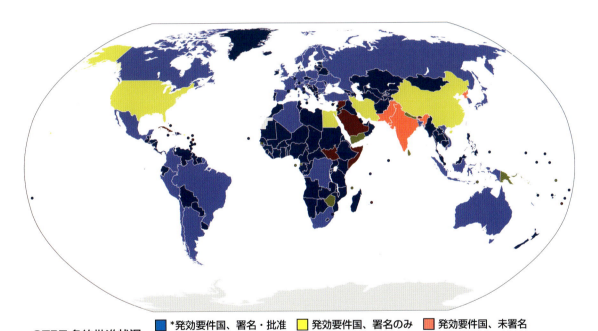

CTBT条約批准状況　■*発効要件国、署名・批准　■発効要件国、署名のみ　■発効要件国、未署名
　　　　　　　　　■非発効要件国、署名・批准　■非発効要件国、署名のみ　■非発効要件国、未署名
*ジュネーヴ軍縮会議の構成国かつ、国際原子力機関「世界の動力用原子炉」の表に掲げられている国（核兵器開発能力のある国）

目的として設置された「包括的核実験禁止条約機関準備委員会」（CTBTO）は、すでに世界337ヵ所で施設を持ち、核爆発検出ネットワーク、国際データセンター、現地査察チームなどを構築しており、世界中の核実験の規模を検出できるデータを備えています。北朝鮮の核実験の時にも、CTBTOのデータと分析がその検出に大きく貢献したのです。

また、この条約で禁止されていない臨界前核実験（核爆発をともなわないが、核兵器の機能を確かめるのに必要なデータを入手できる核反応をともなう実験）は、CTBT採択後もアメリカとロシアで実施されています。

Ⅲ　反対運動──冷戦の終わり

原子力平和利用のはじまり

「アトムス・フォー・ピース」の記念切手を授与されるアイゼンハワー大統領（右から2人目）。

　「第五福竜丸事件」（→22ページ）が起きたその前年、1953年12月8日、アメリカのアイゼンハワー大統領は、国際連合総会で、「平和のための原子力（アトムス・フォー・ピース）」という演説を行いました。それまで、核物質や核関連技術の利用をきびしく制限していた政策を転換し、原子力の平和利用を世界に広げる政策を打ち出したのです。

　この有名な演説では、アイゼンハワー大統領は核兵器開発競争のもたらす脅威を強調し、アメリカは核兵器を所有している国々と軍縮について話し合う用意がある、としたうえで、原子力（核）技術を軍事目的ではなく、平和と人類の進歩のために活用することが必要だ、と以下のように訴えました。

　　アメリカ合衆国が追求するのは、単なる、軍事目的での核の削減や廃絶にとどまらない。この兵器を兵士の手から取り上げるだけでは十分ではない。軍事の覆いをはぎとり、平和の技術に適合させるための方法を知る人々の手に渡されなければならない。

　そして、その実現のために、国連の下に原子力機関を設置し、原子力平和利用の促進と、核物質や核技術が軍事転用されないための「検証（保障措置）」制度を提案しました。

この提案がもとになって、国際原子力機関（IAEA　International Atomic Energy Agency）が1957年に設立、世界に原子力の平和利用の促進とその軍事転用を防ぐための国際的制度が確立されたのです。そして、西側諸国ではアメリカが、東側諸国では旧ソ連がリーダシップを取り、世界中に原子力平和利用が急速に拡大することになりました。

　日本も例外ではなく、「アトムス・フォー・ピース」演説の翌年、1954年には初めての原子力予算（2億3,500万円、ウラン235にちなんだと言われています）が計上され、1955年には原子力基本法が成立しました。原子力基本法では、「自主・民主・公開」という「平和利用三原則」が明記され、日本の原子力開発は平和利用に限ることが法律で明記されました。

　アメリカは、核物質・核関連技術を輸出（移転）する際に、二国間の原子力協定を結び、その軍事転用防止のための詳細な取り決めを受け入れ国に要求しました。日本もアメリカから核物質や原子炉（研究炉）を輸入することになったため、1955年に最初の「日米原子力研究協定」が締結され、1958年には動力炉輸入のために「日米動力協定」、1968年には発電用原子炉輸入のために「日米原子力協定」が次々と締結されました。日本初の原子力発電所はイギリスからの輸入であったので、1958年に「日英原子力協定」が締結されました。

　これらの二国間原子力協定では、IAEAの保障措置（核物質や原子力施設が軍事転用されていないことを検証する制度。計量管理、監視・封じ込め、現地査察など）を受け入れることが義務付けられていますが、逆に言えば、軍事転用可能な核関連技術や核物質が世界に拡散することにもなり、その後の核兵器の拡散につながったことも否定できません（→48ページ）。

日本初の商業用原子炉である東海第一発電所。原子炉は1958年にイギリスから輸入された。

Ⅲ　反対運動——冷戦の終わり

核不拡散条約の誕生

2015年の国際連合総会議場におけるNPT再検討会議。

　原子力平和利用の拡大とともに心配されたのは、技術の転用による核兵器の拡散です。

　キューバ危機（→28ページ）の後、ケネディ大統領は「1970年代のアメリカ大統領は、世界に核保有国が15〜25ヵ国存在するような事態に直面することになる」と予言しました。この根拠として、「原子力平和利用で高度な核関連技術と核物質を入手すれば、核兵器開発は容易にできるようになる」という認識があったからです。そういった不安を取り除くため作られたのが、「核不拡散条約」（NPT）です。

　1968年に最初の62ヵ国が調印し、1970年に発効されたNPTは、いまや世界で最も加盟国が多い条約となっており、191ヵ国が参加、非参加国は、インド、パキスタン、イスラエル、南スーダンの4ヵ国。北朝鮮は参加の後、脱退した唯一の国です。条約の概要は以下の通りです。

1. 1967年1月1日の時点で核兵器を保有していた国を「核兵器国」と定義し、アメリカ・旧ソ連（現ロシア）・イギリス・フランス・中国（フランス・中国は92年に参加）の5ヵ国が対象となっている〈第9条3項〉。
2. 参加国に対する核不拡散義務：核兵器国の核不拡散（非核兵器国に核兵器保有を支援しない）義務〈第1条〉、非核兵器国の核不拡散（核兵器を保有しない）義務〈第2条〉が明示されている。
3. 平和利用の権利：参加国は原子力平和利用の権利を「奪いえない権利」として保証して

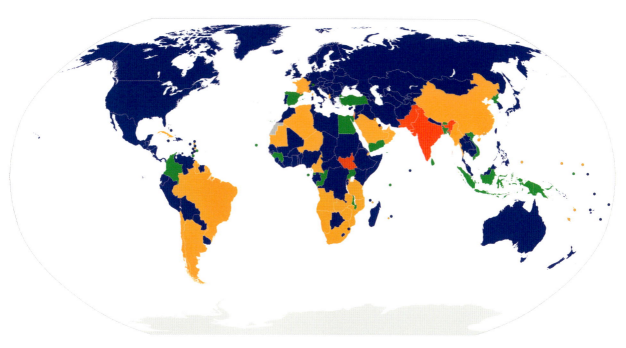

NPT条約の加盟の推移　　■ 1968-1977 署名または批准　　■ 1978-1987 署名または批准（北朝鮮は2003年脱退）
　　　　　　　　　　　　■ 1988年以降 署名または批准　　■ 未署名（インド、イスラエル、パキスタン、南スーダン）

いる〈第4条〉。その一方、非核兵器国は国際原子力機関（IAEA）の保障措置（核物質や原子力施設を軍事転用していないかどうかを検証する制度）を受け入れる義務を負う〈第3条〉。

4. 軍縮義務：参加国はすべて「核軍縮に向けて誠実に交渉する義務」を追う〈第6条〉。

この2～4が、NPTの三本柱（核不拡散、平和利用、核軍縮）と呼ばれており、この3本柱のバランスをどう取るかが、これまでもNPTの課題とされてきました。

当初は25年間の期限付き条約でしたが、1995年に無期限延長が決定され、その代わり、5年ごとに開かれる再検討会議プロセスを強化して、3年間の準備委員会会合を開くことを決定しました。また、「核不拡散と核軍縮のための原則と目標に関する決定」と題して、「包括的核実験禁止条約」（CTBT）交渉完了（→36ページ）、「兵器用核物質生産禁止条約」（FMCT）の交渉開始、核兵器国による核軍縮努力の強調などが決定されました。

しかし、その後2000年、2010年の再検討会議では合意文書を採択したものの、2005年、2015年は核兵器国と非核兵器国の対立や、中東問題をめぐる対立などがあって、合意文書を採択することができませんでした。

この間、北朝鮮の脱退、イラクやイランの核疑惑もあり、さらにNPTの参加国ではないインドとアメリカなどが原子力協定を締結するなど、NPT体制への信頼がゆらぐ事件も続きました。こういった事件が、2017年に「核兵器禁止条約」を成立させる原動力となったのです。

Ⅲ　反対運動──冷戦の終わり　41

冷戦の終結と核軍縮への合意

　1981年に就任したアメリカのレーガン大統領は、旧ソ連を「悪の帝国」と呼び、1983年に旧ソ連の核兵器を宇宙で撃ち落とすという「戦略防衛構想」（SDI）を提唱。これに対し旧ソ連は核戦力を拡大し、1985年の時点で、ついにアメリカの核弾頭数を上回りました。この時、世界の核弾頭数は7万発を超えていました。

　しかし、1985年、旧ソ連の書記長にゴルバチョフが就任し、一気に風向きが変わります。急速な軍事力拡大で旧ソ連の経済情勢は悪化し、1986年にチェルノブイリ原発事故を経験したこともあって、ゴルバチョフ書記長は「ペレストロイカ（民主的改革）」「グラスノスチ（情報公開）」を実施。核兵器については、一方的に核実験の凍結を宣言して、レーガン大統領に核軍縮のための対話を提唱しました。

　1986年10月11〜12日、アイスランドのレイキャビクにおいて、レーガン大統領とゴルバチョフ書記長の歴史的会談が行われました。チェルノブイリ事故の経験を踏まえ、ゴルバチョフ書記長は、核の脅威をなくすためには、核兵器を全廃することしかない、と決意してレーガン大統領との対話に臨み、2日間のべ10時間にわたる対話の結果、両国首脳は「核兵器廃絶」合意の一歩手前まで行った、と言われています。しかし、残念ながらアメリカが進めるSDIをめぐる対立が最後まで解けず、残念ながら核兵器廃絶の合意には至りませんでしたが、この会談が核軍縮に向けた大きな転換期となりました。

　そして、1987年、アメリカ・旧ソ連は「中距離核戦力（INF）全廃条約」に調印。INFとは、射程距離が比較的短い（500〜5,500km）の核ミサイルで、これが両国が初の核軍縮（核兵器数の削減）に合意した条約でした。それまでは、「戦略核兵器制限交渉」（SALT）といって、核兵器数の上限を定めた合意しか存在していなかっ

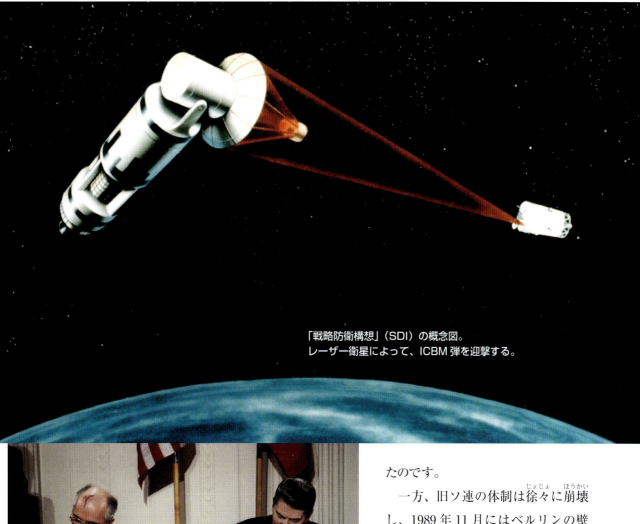

「戦略防衛構想」(SDI)の概念図。
レーザー衛星によって、ICBM弾を迎撃する。

(上) 1987年12月8日「中距離核戦力(INF)全廃条約」に調印する。ゴルバチョフ書記長とレーガン大統領。
(左)「INF全廃条約」について、両国が基本的に合意したとされる1986年10月12日アイスランドのレイキャビクで行われたサミットにて。談笑するレーガンとゴルバチョフ。

たのです。

一方、旧ソ連の体制は徐々に崩壊し、1989年11月にはベルリンの壁が崩壊。12月にはゴルバチョフ書記長とブッシュ大統領の首脳会談で、正式に「冷戦終結」が宣言されたのです。

そして、1991年12月に、ソビエト連邦は解体し、所有していた核兵器は継承国のロシア連邦に引き継がれました。

Ⅳ　核軍縮へむけて　43

核軍縮への期待

アメリカのICBM弾「ピースキーパー」と、潜水艦から発射されるSLBM弾「トライデントⅡ」。

　冷戦終結は、核兵器廃絶への希望を膨らませました。80年代にレーガン・ゴルバチョフ両首脳で始まった、アメリカと旧ソ連による戦略核兵器削減交渉（START）は、ブッシュ大統領とゴルバチョフ書記長の交渉に引き継がれ、1991年7月に第一次戦略兵器削減条約（STARTⅠ）の成立につながりました。STARTⅠでは、①戦略核兵器の3本柱（大陸間弾道ミサイル〈ICBM〉、潜水艦発射弾道ミサイル〈SLBM〉、重爆撃機）の総数を条約の発効から7年後にそれぞれ1600基（機）に削減する　②ロシアの保有する重ICBM（爆発力の大きいICBM）の上限を154基とする　③配備される戦略核弾頭数の総数は6,000発に制限、このうちICBM、SLBMに装着される核弾頭の総数は4,900発を超えないこと、などが取り決められました。これによって、アメリカとロシアの戦略核弾頭数は冷戦期の60％となり、核軍縮の大きな成果として注目されました。

　続いて、STARTⅡについても交渉が始められ、1993年1月に署名されました。STARTⅡでは、2003年1月1日までに、両国の戦略核弾頭数を3,000～3,500発以下に削減することなどについて合意しましたが、アメリカが2002年にABM条約（→27ページ）から脱退し、議会が条約議定書の批准（国会による合意）を拒否したため、ロシアもSTARTⅡの修正議定書を批准せず、STARTⅡは発効されませんでした。その代わりとして、2002年5月には「アメリカ・ロシア戦略攻撃能力削減条約」（SORT）が締結され（通称「モスクワ条約」）、2012年までに戦略核弾頭の配備数を1,700～2,200発までに削減することを定めました。

　2007年1月4日、アメリカの有力新聞『ウォール・ストリート・ジャーナル』に、衝撃的な論文が発表されました。ジョージ・シュルツ、ウィリアム・ペリー、ヘンリー・キッシンジャー、サム・ナン、というアメリカで過去核戦略の構築や意思決定に関与してきた4人が、「核兵器のない世界を」という論文を発表したのです。4人は、「冷戦が終了して、相互核抑止論は時代遅れとなった」とし、「何よりもまず、核兵器を所持している国々の指導者たちが、核兵器

2009年4月5日、チェコ共和国プラハにて演説するオバマ大統領。

なき世界を創造するという目標を、共同の事業に変えていく集中的な取り組みが必要である」と訴えました。この力強い提言をうけ、ヨーロッパやアジアにおいても、知識人・文化人による同様の「核なき世界への提言」が相次いだのです。2009年、アメリカにオバマ大統領が就任すると「核なき世界」への希望はさらに高まりました。就任直後にチェコ共和国のプラハで行ったオバマ大統領の演説は、「核なき世界」に向けて、アメリカが真剣に取り組むことを宣言したものです。この演説が評価され、彼はその年のノーベル平和賞を受賞しました。

　世界的な核戦争の脅威は減ったものの、核攻撃のリスクは高まりました。核兵器を獲得した国は増えました。核実験は続いています。…核保有国として、核兵器を使用したことがあるただ一つの核保有国として、アメリカは行動する道義的な責任を持っています…だから今日、私は明白に、信念とともに、アメリカが核兵器のない平和で安全な世界を追求すると約束します。(2009年4月5日、プラハにて〈上写真〉)

　アメリカ、オバマ大統領とロシア、メドベージェフ大統領の交渉によって、2010年4月8日に「モスクワ条約」を上回る、新たな「戦略核兵器削減条約」(新START)が署名されました。新STARTでは、2018年2月5日までに①戦略核弾頭数の上限を両国それぞれ1,550発にする　②ミサイル・爆撃機などの合計数を両国それぞれ800基(機)にする　③衛星・現地査察を含む検証・査察を行う　④条約を5年以内の期間で延長可能とする、と定められました。2018年2月5日の時点で、両国はこの目標を達成したとの発表を行いましたが、新STARTに続く新たな軍縮条約については残念ながらまだ見通しが立っていません。
　ただこのような核軍縮条約の結果、核弾頭数は、1980年代にピークであった7万発から、2018年6月時点で約13,000発(アメリカ6,450発、ロシア6,850発)までに減少したのです。

核軍縮のむずかしさ

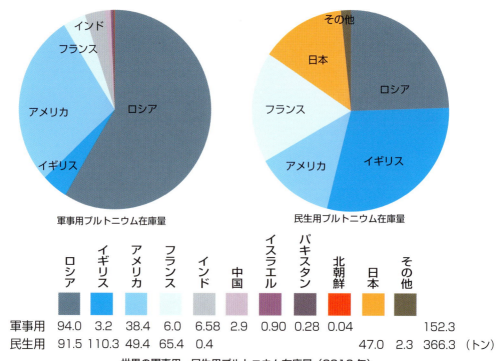

世界の軍事用、民生用プルトニウム在庫量（2016年）

　核軍縮への期待が高まると同時に、核兵器を解体したあと、そこから回収される核物質——高濃縮ウランとプルトニウム（→10ページ）をどうするか、という課題が明らかになりました。高濃縮ウラン（核分裂するウラン235の比率が90％以上）については、希釈して低濃縮ウラン（ウラン235の比率が4〜5％）にして、原子力発電所の燃料にする提案が、アメリカの科学者トーマス・ネフ博士によってなされました。低濃縮ウランに希釈した段階で、核兵器に転用することは不可能になるので、この提案は非常に効果的でかつ経済的にも合理的なものでした。

　この提案に基づき、1994年1月にアメリカとロシアは、500トンの高濃縮ウランをロシア国内で希釈し、低濃縮ウランにして「アメリカ濃縮公社」（当時、今は民営化）に売却することで合意。1995年から20年間ですべての高濃縮ウランが処分されました。しかし、アメリカの所有しているものも含め、まだまだ大量の高濃縮ウランが貯蔵されており、引き続き低濃縮ウランへの希釈と原子力発電所の燃料への転換を進めていく必要があります。

　しかし、もっと厄介なのが、プルトニウムです。プルトニウムを原子力発電所の燃料にするためには、二酸化プルトニウム（PuO2）と二酸化ウラン（UO2）とを混ぜ、プルトニウム濃度を4〜9％に高めた、混合酸化物（MOX）燃料にする必要があります。これはウラン燃料に比べて作成が非常に高価で、経済的には不合理な方法です。

　もう一つの案は、安全な状態に固めて（安定固化）、廃棄物として地層処分する方法です。アメリカとロシアは交渉の結果、2000年にそれぞれ34トンずつ解体した核兵器からのプルト

アメリカ、サウスカロライナ州のサバンナ・リバー・サイトで建設中のMOX燃料加工工場。

ニウム（余剰プルトニウム）を並行して処分することで合意に達しました。しかし、ロシアはプルトニウムを資源と考えているためMOX燃料案にこだわり、アメリカもブッシュ大統領の時に、MOX燃料方式のみの採用を決定しましたが、この計画は高コストで挫折、オバマ政権は2016年2月にMOX燃料方式をあきらめ、安定固化処分方式で行くことを決定しました。その結果、ロシアはアメリカとのプルトニウム処分合意を破棄してしまいました。さらにアメリカがトランプ政権になって、再びMOX燃料方式の復活を検討しはじめるなど、プルトニウム処分の将来は不透明なままです。

　核物質の問題に加えて、もう一つの核軍縮の難しさが、「検証」の在り方です。「信ぜよ、されど確認せよ（trust, but verify）」は、もともとロシアのことわざでしたが、INF（中距離核戦力）全廃条約調印式の時に、レーガン大統領が引用して有名になりました（→42ページ）。それまで、アメリカ・ロシアの核軍縮・軍備管理の検証は、拘束力をもったものではなく、主に相互行動を監視する「国家検証技術手段（NTM）」と呼ばれる、各国の監視活動で検証するのみでしたが、INF全廃条約では、相手国への情報開示が義務付けられ、さらには「現地での検証査察（onsite inspection）」を初めて認めたのです。この経験をもとに、「START」（戦略核兵器削減条約）の時に、相互検証措置を導入することとなりました（→44ページ）。しかし、これらは、あくまでもアメリカ・ロシア二国間での検証措置であり、国際的には第三者が入った検証にはなっていないのです。また、核兵器の解体の検証で、核兵器に関わる細かな知識や情報が非核兵器国に移転することはNPT第1条の違反となります。したがって、核軍縮を国際的な透明性と信頼性をもって検証する仕組みを、これから作っていく必要があるのです。

Ⅳ　核軍縮へむけて　　47

新たな核保有国

インドのICBM弾「アグニ-Ⅱ」(2004年ニューデリーの共和国記念日の軍事パレード)。

　核不拡散条約(以下NPT)において核兵器国とされる5ヵ国(アメリカ・ロシア・イギリス・フランス・中国)は、国際連合安全保障理事会の常任理事国と同じ5ヵ国です(→18ページ)。核兵器国は、NPT条約によって核兵器の保有を認められている5ヵ国であり、条約に加盟する他の180数ヵ国は核兵器の保有が認められていない、非核兵器国です。こう説明すると、核兵器を保有することが、まるで特別に与えられた権利であるかのように見えます。実際、核兵器国は常任理事国としての権利も持っています。ですのでNPTは不平等条約とも言われています。ただし、条約に批准(国会による同意)していなければ、その決まりを必ずしも守る必要がないという理論で、NPT発効後に核実験を行い、条約には加盟せずに核保有国となった国があります。

　新たな核保有国はインド、パキスタン、北朝鮮の3ヵ国です。インド、パキスタンは初めからNPTには加盟しておらず、北朝鮮は一度条約を批准したものの、1993年にNPT脱退を表明、国連安全保障理事会の決議やアメリカとの交渉の結果、いったんNPTに戻りましたが、2003年にふたたびNPT脱退を宣言し、そのまま核兵器の開発を進めました。また、イスラエルは、核兵器の保有に対して肯定も否定もしていませんが、保有が確実視されています。よって、この4ヵ国と核兵器国5ヵ国

北朝鮮の最新型ICBM弾「火星-15」。

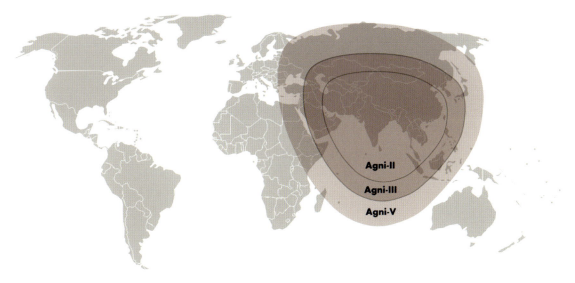

インドのICBM弾「アグニ-5」の射程範囲。

パキスタンの空中発射型巡航ミサイル「ラード」(Ra'ad)。核弾頭を搭載可能。

の、合わせて9ヵ国が核保有国と位置づけられています。

　インドは、1974年に1回、1998年5月に5回の、合わせて6回の核実験を国内で行っています。1974年の実験は、工事用の装置開発にともなう爆破であり、いわゆる平和利用目的であると主張されましたが、1998年の実験には水素爆弾も含まれており、軍事目的の地下実験であることを政府が発表しています。

　パキスタンは、1998年の5月、インドと同じ時期に6回の核実験を行っていますが、このうち6回目に当たる核実験は、北朝鮮の代理で行ったのではないかと考えられています。というのも、当時パキスタンは、広島に投下された原爆と同じウランを原料とした核兵器のみを保有していると公表していました。ですがアメリカの偵察機が、実験後の大気からプルトニウムを検出したのです。北朝鮮が開発していたのが、長崎に投下された原爆と同じプルトニウムを原料とした核兵器であることや、パキスタンが北朝鮮から弾道ミサイルを購入していることなどから、北朝鮮に代わりパキスタン国内で核実験が行われた可能性があると指摘されています。

　日本のメディアでも記憶に新しい北朝鮮による核実験は、最近で2017年に行われています。それまでに、2006年から行われた核実験は6回に及びます。2000年代以降の核実験は、北朝鮮のみであり、非難の声や警戒する動きは各国や国際機関から数多くあがりました。これに対し北朝鮮側は、国を守るための「自衛的措置」であると発表しています。

◆図版出典◆

I 核兵器はこうしてつくられた

核兵器とは？

ウラン型、プルトニウム型原爆のしくみ

By Fastfission - Own work, Public Domain, https://commons.wikimedia.org/w/index.php?curid=521788

長崎原爆によるキノコ雲

By Charles Levy - U.S. National Archives and Records Administration, Public Domain, https://commons.wikimedia.org/w/index.php?curid=56719

リトルボーイ

By Nick-D - Own work, CC BY-SA 4.0, https://commons.wikimedia.org/w/index.php?curid=45165310

ファットマン

By Pi3.124 - Own work, CC BY-SA 4.0, https://commons.wikimedia.org/w/index.php?curid=50426308

東京で爆発した場合

https://nuclearsecrecy.com/nukemap/ にて作成。

核分裂の発見

リーゼ・マイトナーとオットー・ハーン

By Unknown - Search + 558596 • Pioneering atomic physicist Ernest Rutherford in his laboratory, ca. 1925. OPA at National ArchivesLise Meitner and Otto Hahn, Kaiser-Wilhelm Institute, Berlin • "...the National Archives identifies the man as Ernest Rutherford, but other sources agree in labeling this a picture of Meitner and Hahn...". The U.S. DOE Office of HistoryOtto Hahn 1913 is correct! see https://www.flickr.com/photos/smithsonian/4405627945/in/photostream/, Public Domain, https://commons.wikimedia.org/w/index.php?curid=1099478

円盤状に形成されたウラン

By https://web.archive.org/web/20050829231403/http://web.em.doe.gov/takstock/phochp3a.html, Public Domain, https://commons.wikimedia.org/w/index.php?curid=2287275

ウラン235の割合

By Fastfission - Own work, Public Domain, https://commons.wikimedia.org/w/index.php?curid=1169063 を翻訳。

核分裂反応

By User:Fastfission - Own work, Public Domain, https://commons.wikimedia.org/w/index.php?curid=522592 を元に作成。

プルトニウム（上下）

By Department of Energy - http://www.doedigitalarchive.doe.gov/ImageDetailView.cfm?ImageID=2006407&page=search&pageid=thumb, Public Domain, https://commons.wikimedia.org/w/index.php?curid=1034533

By Los Alamos National Laboratory - Scanned from: Christensen, Dana (1995). "The Future of Plutonium Technology". Los Alamos Science (23): 170., Public Domain, https://commons.wikimedia.org/w/index.php?curid=1034607

大統領への手紙とマンハッタン計画

トリニティによる爆発（背景）

By United States Department of Energy - Trinity and Beyond: The Atomic Bomb Movie, Public Domain, https://commons.wikimedia.org/w/index.php?curid=63457849

アインシュタインとシラードの手紙

By Albert Einstein, Public Domain, https://commons.wikimedia.org/w/index.php?curid=2679498

アインシュタイン

By Ferdinand Schmutzer - http://www.bhm.ch/de/news_04a.cfm?bid=4&jahr=2006 [dead link], archived copy (image), Public Domain, https://commons.wikimedia.org/w/index.php?curid=34239518

シラード

By U.S. Department of Energy - U.S. Department of Energy, Public Domain, https://commons.wikimedia.org/w/index.php?curid=11082526

ロスアラモス研究所

By Los Alamos National Laboratory - https://www.osti.gov/opennet/manhattan-project-history/Resources/photo_gallery/tech_area_large.htm, Public Domain, https://commons.wikimedia.org/w/index.php?curid=56190733

トリニティクレーター

By Federal government of the United States - This image is available from the National Nuclear Security Administration Nevada Site Office Photo Library under number 99150.This tag does not indicate the copyright status of the attached work. A normal copyright tag is still required., Public Domain, https://commons.wikimedia.org/w/index.php?curid=303919

ヒロシマ・ナガサキ

ハイドパーク覚書

By United States Government - Roosevelt Presidential Library (part of the virtual tour), Public Domain, https://commons.wikimedia.org/w/index.php?curid=64315128

フランクレポート

Usage Public Domain Mark 1.0
https://archive.org/details/FranckReport

長崎原爆投下15分後の写真

By Hiromichi Matsuda（松田弘道，1900-1969）、長崎原爆資料館所蔵。

浦上天主堂

By US Army Corps of Engineers - High resolution download from http://www.dodmedia.osd.mil/DVIC_View/Still_Details.cfm?SDAN=HDSN9902902&JPGPath=/Assets/Still/1999/DoD/HD-

SN-99-02902.JPG., Public Domain, https://commons.wikimedia.org/w/index.php?curid=2730558

広島原爆投下前後

By Unknown - ibiblio.org – a collaboration of the centerforthepublic-domain.org, Public Domain, https://commons.wikimedia.org/w/index.php?curid=286719 / https://commons.wikimedia.org/w/index.php?curid=286720

長崎原爆投下前後

By Fastfission : File:Nagasaki 1945 - Before and after.jpg.U.S. National Archives : RG 77-MDH (according to William Burr, The Atomic Bomb and the End of World War II, National Security Archive Electronic Briefing Book No. 162). - File:Nagasaki 1945 - Before and after.jpg, Public Domain, https://commons.wikimedia.org/w/index.php?curid=811044

核実験競争と水爆の開発

キャッスル作戦・ブラボー

By United States Department of Energy, Public Domain, https://commons.wikimedia.org/w/index.php?curid=446935

テラーウラム型水爆

CC BY-SA 3.0, https://commons.wikimedia.org/w/index.php?curid=1343962 を翻訳。

ツァーリボンバー

By User:Croquant with modifications by User:Hex - Own work, CC BY-SA 3.0, https://commons.wikimedia.org/w/index.php?curid=5556903

II　増え続ける核兵器──冷戦時代

五大核保有国の誕生

ハリケーン作戦

By (Naval Historical Collection) - This tag does not indicate the copyright status of the attached work. A normal copyright tag is still required. See Commons:Licensing for more information., Public Domain, https://commons.wikimedia.org/w/index.php?curid=8751512

グラップル作戦

By Unknown - [1] Dutch National Archives, The Hague, Fotocollectie Algemeen Nederlands Persbureau (ANEFO), 1945-1989 bekijk toegang 2.24.01.04 Bestanddeelnummer 921-8049, Public Domain, https://commons.wikimedia.org/w/index.php?curid=37205828

リコルヌ作戦

CC BY 2.0,https://www.flickr.com/photos/ctbto/9040657030/in/photostream/

中国初の原子爆弾

By Megapixie - Max Smith - Self-photographed, Public Domain, https://commons.wikimedia.org/w/index.php?curid=4789223

核実験の被害

バスター・ジャングル作戦

By Federal Government of the United States - http://www.dtra.mil/press_

resources/photo_library/CS/CS-3.cfm, Public Domain, https://commons.wikimedia.org/w/index.php?curid=1353706

核実験の種類

By Created by User:Fastfission in Inkscape. Mushroom clouds are derived from Image:Mushroom cloud.svg, rocket outline from Image:V-2 rocket diagram (no labels).svg. - Created by User:Fastfission in Inkscape. Mushroom clouds are derived from Image:Mushroom cloud.svg, rocket outline from Image:V-2 rocket diagram (no labels).svg., Public Domain, https://commons.wikimedia.org/w/index.php?curid=820427

アップショット・ノットホール作戦

By Federal government of the United States - This image is available from the National Nuclear Security Administration Nevada Site Office Photo Library under number CIC 0315864.This tag does not indicate the copyright status of the attached work. A normal copyright tag is still required., Public Domain, https://commons.wikimedia.org/w/index.php?curid=2583261

核保有国における核実験の回数

Nuclear Explosion DataBase (NEDB) を元に作成。

第五福竜丸

キャッスル作戦・ブラボー

By Federal government of the United States - http://sonicbomb.com/albums/album44/Bravo_corrected.jpg, Public Domain, https://commons.wikimedia.org/w/index.php?curid=12656649

第五福竜丸が漁獲した魚について記したプレート

2018 年 11 月 20 日撮影。都営大江戸線築地市場駅 A1 出口脇。

第五福竜丸

skipinof / PIXTA（ピクスタ）

キャッスル作戦・ブラボーの「死の灰」

By United States Department of Energy - Samuel Glasstone and Phillip J. Dolan, eds., The Effects of Nuclear Weapons, 3rd. edn. (Washington, D.C.: DOD and DOE, 1977): 437. [Gamma doses are Roentgens from arrival time to 96 hours (4 days) after detonation, outside on land. Glasstone and Dolan mention that because data from the ocean was not obtained in this particular test, Bravo, the fallout contours to the north of the islands are uncertain and some other fallout patterns for the same test ascribe the high levels measured on Rongelap to a "hotspot" of the sort measured in the ocean downwind in later tests., Public Domain, https://commons.wikimedia.org/w/index.php?curid=454695
の情報を元に作成。

核の冬

爆発によるキノコ雲の高さの比較

By Anynobody - Own work, Public Domain, https://commons.wikimedia.org/w/index.php?curid=2579364　を翻訳。

500 万トンの炭素の大気放出による 1 年後の温度低下

http://www.nucleardarkness.org/warconsequences/fivemilliontonsofsmoke/

Robock, A., L. Oman, G. L. Stenchikov, O. B. Toon, C. Bardeen, and R. P.Turco (2007), Climatic consequences of regional nuclear conflicts,*Atmos. Chem. Phys.*,7, 2003–2012.Figure 5.

オゾン減少によって起こる、植物動物へのダメージ
 M. A. Harwell & T. C. Hutchinson 1985. *Environmental consequences of nuclear war. Vol.Ⅱ* を元に作成

恐怖のバランス
MAD の諷刺画
Michael Cummings, Daily Express Edition of August 24 1953

スプートニク 1 号
By NSSDC, NASA[1] - http://nssdc.gsfc.nasa.gov/database/MasterCatalog?sc=1957-001B, Public Domain, https://commons.wikimedia.org/w/index.php?curid=1129363

R -7 ミサイル
By Alex Zelenko, CC BY-SA 4.0, https://commons.wikimedia.org/w/index.php?curid=454748

アトラス ミサイル
By USAF - http://www.pr.afrl.af.mil/history_wpafb.html (http://www.pr.afrl.af.mil/leader/atlas.jpg), Public Domain, https://commons.wikimedia.org/w/index.php?curid=4321420

キューバ危機
カストロとチェ・ゲバラ
By Alberto Korda - Museo Che Guevara, Havana Cuba, Public Domain, https://commons.wikimedia.org/w/index.php?curid=6816919

キューバ ミサイル範囲
By CIA - The John F. Kennedy Presidential Library and Museum, Boston. [1], Public Domain, https://commons.wikimedia.org/w/index.php?curid=2222985

キューバにおける旧ソ連のミサイル設備
Public Domain, https://commons.wikimedia.org/w/index.php?curid=12404365

在米ドブルイニン大使とケネディ大統領
By Robert L. Knudsen - U.S. National Archives and Records Administration, Public Domain, https://commons.wikimedia.org/w/index.php?curid=16896666

10/27 の執務記録
By McGeorge Bundy, 1919-1996, Author (NARA record: 1128212) - U.S. National Archives and Records Administration, Public Domain, https://commons.wikimedia.org/w/index.php?curid=16738461

核の暴走
B 28 R水爆
By U.S. Navy, Courtesy of the Natural Resources Defense Council - Transferred from en.wikipedia to Commons by EH101 using CommonsHelper., The original uploader was Asterion at English

Wikipedia., 31 May 2007 (original upload date), Public Domain, https://commons.wikimedia.org/w/index.php?curid=2630293

B 28 R水爆（展示）
By Marshall Astor from San Pedro, United States - NAM---Palomares-bombs, CC BY-SA 2.0, https://commons.wikimedia.org/w/index.php?curid=8009852

B53 核弾頭
By Unknown - National Nuclear Security Administration [1], Public Domain, https://commons.wikimedia.org/w/index.php?curid=17113318

Mk 39 爆弾
By U.S. Air Force - http://2013.riverrunfilm.com/sites/default/files/films/LegendOfTheBuriedBomb.jpg, Public Domain, https://commons.wikimedia.org/w/index.php?curid=28441364

B52 爆撃機
By USAF - Boeing B-52G at National Museum of the USAF (image source), Public Domain, https://commons.wikimedia.org/w/index.php?curid=1711972

Ⅲ 反対運動──冷戦の終わり

反核運動
第 1 回原水爆禁止世界大会
 Japanese book "Album of the 20-Year History of Postwar Japan" published by Kyodo News.This photograph has already been made public., Public Domain, https://commons.wikimedia.org/w/index.php?curid=3870877
共同通信社『戦後 20 年写真集』（1965 年 8 月）より。

核兵器反対抗議
Anti-AKW-Demonstration im Bonner Hofgarten am 14. Oktober 1979
By Hans Weingartz (Leonce49 at de.wikipedia) - Own work, CC BY-SA 2.0 de, https://commons.wikimedia.org/w/index.php?curid=2212663

国連欧州本部を訪れた「長崎高校平和大使」の一行
共同通信。

ラッセル─アインシュタイン宣言
宣言書を読み上げるバートランド・ラッセル
By Пагуошский комитет - http://www.pugwash.ru/history/documents/333.html, Public Domain, https://commons.wikimedia.org/w/index.php?curid=28201984

バートランド・ラッセル
By Tony French - Own work, CC BY-SA 3.0, https://commons.wikimedia.org/w/index.php?curid=22967524

サイラス・イートン
By Arthur Wentworth Hamilton Eaton - The Eaton Family of Nova Scotia, CC BY-SA 3.0, https://en.wikipedia.org/w/index.php?curid=24235548

パグウォッシュ村

By Johneaton66 - Own work, CC BY-SA 3.0, https://commons.wikimedia.
org/w/index.php?curid=17901018

核実験禁止にむけて
演説するケネディ大統領

By Cecil Stoughton - JFK Library (direct link), Public Domain, https://
commons.wikimedia.org/w/index.php?curid=8410251

PTBT 条約

By Allstar86 - Own work, CC BY-SA 3.0, https://commons.wikimedia.
org/w/index.php?curid=4416580 を翻訳。

CTBT 条約

By derivative work: Allstar86 (talk)BlankMap-World6,_compact.svg:
Canuckguy et al. - BlankMap-World6,_compact.svg, CC BY-SA 3.0,
https://commons.wikimedia.org/w/index.php?curid=4376156 を翻訳。

原子力平和利用のはじまり
アイゼンハワー大統領

By ENERGY.GOV - HD.3C.032, Public Domain, https://commons.
wikimedia.org/w/index.php?curid=36086324

東海第一発電所

By ENERGY.GOV - HD.15.058, Public Domain, https://commons.
wikimedia.org/w/index.php?curid=35932851

核不拡散条約の誕生
2015 年 NPT 再検討会議

https://www.flickr.com/photos/statephotos/17293184581

NPT 条約の加盟の推移

By JWB - Own work, CC BY-SA 3.0, https://commons.wikimedia.org/w/
index.php?curid=23250870 翻訳。

IV　核軍縮へむけて
冷戦の終結と核軍縮への合意
SDI 戦略

By U.S. Air Force - ID:DFSC8503352, Public Domain, https://commons.
wikimedia.org/w/index.php?curid=991715

レイキャビク対談でのレーガンとゴルバチョフ

By Ronald Reagan Library - http://www.reagan.utexas.edu/archives/
photographs/gorby.html, Public Domain, https://commons.wikimedia.org/
w/index.php?curid=258013

INF 全廃条約調印

By White House Photographic Office - National Archives and Records
Administration ARC Identifier 198588, courtesy Ronald Reagan
Presidential Library:Source URL: http://www.reagan.utexas.edu/archives/
photographs/large/c44071-15a.jpgSource page: http://www.reagan.utexas.
edu/archives/photographs/gorby.html, Public Domain, https://commons.
wikimedia.org/w/index.php?curid=258015

核軍縮への期待
ピースキーパー

By United States Air Force - Original source: http://www.af.mil/photos/
factsheet_photos.asp?fsID=112 (This link is now dead. See a cached
version: [1])Present location: http://www.af.mil/photos/mediagallery.
asp?galleryID=53&page=9 (Direct link), Public Domain, https://
commons.wikimedia.org/w/index.php?curid=80901

トライデントⅡ

By JOSN Oscar Sosa (USN) - http://www.dodmedia.osd.mil, Public
Domain, https://commons.wikimedia.org/w/index.php?curid=1044405

演説するオバマ大統領

By adrigu - https://www.flickr.com/photos/97793800@N00/3414762892/
in/set-72157616376211628/, CC BY 2.0, https://commons.wikimedia.
org/w/index.php?curid=7626655

核軍縮のむずかしさ
世界のプルトニウム在庫量

http://www.recna.nagasaki-u.ac.jp/recna/fms/pu_map201806
を元に作成。

サバンナ・リバー・サイト

CC BY 2.0, https://www.flickr.com/photos/51009184@N06/8057139405

新たな核保有国
アグニーⅡ

By Antônio Milena (ABr) - http://img.radiobras.gov.br/Aberto/index.php/
Imagens.Principal.120.0.2004-01-31Original file name: 14872.jpeg, CC
BY 3.0 br, https://commons.wikimedia.org/w/index.php?curid=94133

火星 15

By Heribero Arribas Abato - Own work, CC BY-SA 4.0, https://commons.
wikimedia.org/w/index.php?curid=64501211

アグニーⅤの射程範囲

By Chanakyathegreat - Own work, CC BY-SA 3.0, https://commons.
wikimedia.org/w/index.php?curid=6493348

ミサイル「ラード」

By Mikesonline2011 - Own work, CC BY-SA 3.0, https://commons.
wikimedia.org/w/index.php?curid=25548559

著者紹介

鈴木達治郎（すずき・たつじろう）

1951 年大坂生まれ。長崎大学核兵器廃絶研究センター長・教授。
1975 年東京大学工学部原子力工学科卒業。1979 年マサチューセッツ工科大学プログラム修士修了。
工学博士（東京大学）。2010 年 1 月より 2014 年 3 月まで内閣府原子力委員会委員長代理を務めた。
核兵器と戦争の根絶を目指す科学者集団パグウォッシュ会議評議員として活動を続けている。近著
に『アメリカは日本の原子力政策をどうみているか 』（岩波ブックレット、共編、2016 年）『核の
ない世界への提言──核物質から見た核軍縮（RECNA 叢書）』（法律文化社、監訳、2017 年）、『核
兵器と原発 日本が抱える「核」のジレンマ』（講談社現代新書、2017 年）、『核の脅威にどう対処す
べきか：北東アジアの非核化と安全保障（RECNA 叢書）』（法律文化社、共編著、2018 年）などが
ある。

光岡華子（みつおか・はなこ）

1995 年、佐賀県生まれ。長崎大学教育学部 4 年生。2016 年 12 月〜 2017 年 9 月まで「ナガサキ・
ユース代表団」（長崎県、市、大学で構成される人材育成プロジェクト）5 期生として活動。メン
バーの一員として、2017 年、核兵器禁止条約第 1 回交渉会議、NPT 再検討会議第 1 回準備会合に
参加、4 期生がスタートさせた、各地で行う「平和」についての出張講座活動「Peace Caravan」
を引き継ぎ、2017 年 10 月に学生の任意団体「Peace Caravan 隊」として発展させ、現在その代表
を務める。ナガサキ・ユース代表団 5 期生 OG として、2018 年の NPT 再検討会議第 2 回準備会合
にも参加。現在は、平和活動のための NPO 法人の設立等を模索中。なお Peace Caravan 隊として
の活動は、2016 年の活動開始から 2018 年 7 月まで約 60 回、約 6,900 名を対象として行っている。

こんなに恐ろしい**核兵器**　①核兵器はこうしてつくられた

2018 年 12 月 25 日　第 1 版第 1 刷発行

［著者］　鈴木達治郎・光岡華子　ⓒ Tatsujiro Suzuki, Hanako Mitsuoka
［発行者］　荒井秀夫
［装幀・本文デザイン］　辻髙建人
［発行所］　株式会社ゆまに書房
　　　　　〒 101-0047　東京都千代田区内神田 2-7-6
　　　　　tel. 03-5296-0491 ／ fax. 03-5296-0493
　　　　　http://www.yumani.co.jp
［印刷・製本］　株式会社 シナノ パブリッシング プレス

2018 Printed in Japan　ISBN978-4-8433-5408-7 C0331
落丁・乱丁本はお取り替えいたします。定価はカバーに表記してあります。